As Estruturas Narrativas

Coleção Debates
Dirigida por J. Guinsburg

Equipe de Realização – Edição de Texto: Carolina Aidinis; Revisão: Adriano C.A.Sousa; Produção: Ricardo W. Neves e Sergio Kon.

tzvetan todorov
AS ESTRUTURAS NARRATIVAS

 PERSPECTIVA

Título do original em francês
Pour une Theorie du Recit

Copyright © Tzvetan Todorov

Dados Internacionais de Catalogação na Publicação (CIP)
(Câmara Brasileira do Livro, SP, Brasil)

Todorov, Tzvetan, 1939- .
  As estruturas narrativas / Tzvetan Todorov; [tradução Leyla Perrone-Moisés]. – São Paulo : Perspectiva, 2013. – (Debates; 14 / dirigida por J. Guinsburg)

2. reimpr. da 5. ed. de 2008
Título original: Pour une theorie du recit
Bibliografia.
ISBN 978-85-273-0386-6

1. Análise do discurso narrativo 2. Estruturalismo (Análise literária) 3. Narrativa (Retórica) 4. Semiótica e literatura 5. Teoria literária I. Guinsburg, J. II. Título. III. Série.

04-3142   CDD-801.95

Índices para catálogo sistemático:
1. Narrativa : Análise estrutural : Teoria literária 801.95
2. Narrativa : Crítica estrutural : Teoria literária 801.95

5ª edição – 2ª reimpressão
[PPD]

Direitos reservados em lingua portuguesa à

EDITORA PERSPECTIVA LTDA.

Av. Brigadeiro Luís Antônio, 3025 01401-000
São Paulo SP Brasil Telefax: (11) 3885-8388
www.editoraperspectiva.com.br
2019

SUMÁRIO

Apresentação... 9
Prefácio 17

I. PRELIMINARES

1. A Herança Metodológica do Formalismo.................... 27
2. Linguagem e Literatura.. 53
3. Poética e Crítica 65
4. Análise Estrutural da Narrativa................................... 79

II. ANÁLISES

1. Tipologia do Romance Policial 93
2. A Narrativa Primordial.. 105
3. Os Homens-Narrativas 119

4. A Gramática da Narrativa... 135
5. A Narrativa Fantástica... 147
6. A Demanda da Narrativa... 167
7. Os Fantasmas de Henry James.....................................191

APRESENTAÇÃO

A utilização da análise estrutural vem-se difundindo cada vez mais nas ciências humanas. Nos estudos literários, esse método tem conhecido alguns percalços. Tendo despontado nos trabalhos dos formalistas russos, por volta de 1920, não conheceu porém a mesma evolução do estruturalismo linguístico. Enquanto os linguistas continuaram a desenvolver e a precisar o método estrutural promovendo a linguística a ciência-piloto entre as demais ciências humanas, os trabalhos pioneiros dos formalistas caíram, por certo tempo, em relativo esquecimento.

Somente uns trinta anos mais tarde esses trabalhos tiveram eco e continuação no Ocidente. O encontro de dois grandes pensadores, Roman Jakobson e Lévi-Strauss, teve como resultado a eclosão do estruturalismo francês. A análise por ambos empreendida, em 1962, do poema *Les Chats* de Baudelaire, deslocou para a França o centro das pesquisas estruturais em literatura. A partir de então, um grupo cada vez mais numeroso de críticos franceses vem trabalhando nesse sentido. Entre eles, destaca-se o nome de Roland Barthes, cujo livro *Critique et Vérité* marcou o ponto culminante da polêmica entre a crítica tradicional e a "nouvelle critique". O que caracteriza o trabalho do grupo estruturalista francês é a abertura e a receptividade para o que se tem feito no mesmo sentido em outros países, a assimilação e reelaboração de ideias vindas do Leste (formalismo russo, Círculo Linguístico do Praga) como do Oeste (pesquisas semióticas norte-americanas, "new criticism", linguística transformacional).

O método estruturalista tem sofrido inúmeras contestações. A primeira objeção que a ele se fez, e a mais comum ainda agora, é a que diz respeito ao "formalismo". Ora, embora o grupo russo ficasse conhecido como "formalista" e suas análises procedessem do exterior para o interior da obra – em termos saussurianos, do significante para o significado – seus componentes jamais admitiram a separação de forma e conteúdo. Forma e conteúdo são inseparáveis. Onde está o conteúdo senão na forma? Será possível uma forma verbal sem conteúdo? A única separação que se pode fazer é operacional. E não se trata então de uma separação entre forma e conteúdo, mas de uma distinção metodológica entre "material" e "procedimento".

Outra acusação frequentemente feita contra o estruturalismo é a de "imobilismo". À semelhança do que se faz nas outras áreas, o estruturalista literário procura extrair da obra particular as estruturas gerais de um gênero, de um movimento ou de uma literatura nacional; visa, portanto, ao estabelecimento de modelos. Ora, o conceito de modelo, fundamental para o estruturalismo, tem sido atacado como um conceito a-histórico, imobilista. Entretanto, devemos precisar que não é ao modelo em si que visa a análise estrutural. O modelo, assim como as distinções acima citadas, é uma abstração com fins aplicativos. Procura-se, por exemplo, estabelecer o protótipo de determinado tipo de narrativa não para alcançar este protótipo ele mesmo, mas para aplicá-lo a obras particulares. Cria-se pois um movimento circular: das obras particulares extrai-se o modelo, que será em seguida aplicado a obras particulares. Realizando esse circuito, elucidam-se a natureza e as características do fenômeno literário.

Aquilo que fica para fora do molde é o específico, o original, o elemento gerador de transformações ulteriores. Cada grande obra literária supera o modelo anterior de seu gênero e estabelece outro, à luz do qual serão examinadas as obras seguintes; e assim por diante. O modelo, portanto, nunca é definitivo. Os "modelos" da ciência também têm variado através dos tempos, sem que isso tenha impedido seu avanço (muito pelo contrário). O modelo ideal é aquele que tenha algumas traves mestras, mas ofereça ao mesmo tempo certa flexibilidade, para poder variar no momento da aplicação e ser capaz de revelar tanto o repetido quanto o novo.

Outra crítica dirigida ao estruturalismo literário diz respeito à sua pretensão de lançar as bases de uma ciência da literatura. Poderá a análise literária atingir a objetividade e o rigor de uma verdadeira ciência? O que não pode ser negado é que a análise estrutural possibilita uma objetividade e um rigor muito maiores do que os que se podiam atingir com os métodos empíricos da crítica tradicional. Partindo da forma e do arranjo dos signos, para avançar pouco a pouco em direção de sua significação, começando da descrição dos fenômenos para empreender em seguida sua interpretação (assim como, na linguística moderna, avança-se da fonética em direção à semântica), os resultados a que chega a análise estrutural, embora de início menos espetaculares, oferecem uma segurança e uma precisão raramente alcançadas em crítica literária. Ao atingir o plano da significação, o crítico já terá desvendado uma série de estruturas formais em que se apoiarão suas interpretações, evitando que elas se diluam no impressionismo e no subjetivismo.

Estes são alguns dos problemas que tem atraído a atenção de Tzvetan Todorov. Todorov representa um elo vivo entre o formalismo russo e o estruturalismo francês. Nascido na Bulgária em 1939, teve uma formação linguística e literária aberta para as ideias eslavas. Radicando-se na França em 1964, a primeira tarefa que empreendeu foi a tradução dos textos fundamentais dos formalistas russos para o francês: *Théorie de la littérature. Textes des formalistes russes* (Seuil, 1965). Sendo esses textos até então raros ou inacessíveis, por permanecerem numa língua pouco conhecida no Ocidente, a tradução de Todorov preenchia uma lacuna e abria caminhos novos para os estudos literários franceses.

Mas Todorov não se contentou com a divulgação das ideias formalistas. O grupo russo se dissolvera em 1930, sem ter chegado a elaborar uma teoria coerente e comum. Muitos de seus estudos permaneceram em estágio embrionário ou não chegaram a desfazer suas contradições. Além disso, nas últimas décadas, a linguística conheceu enorme desenvolvimento e chegou a resultados que os estudos literários não podem ignorar, principalmente se se levar em conta que os dois tipos de estudo tem por objeto os signos verbais. O que pretende Todorov é levar adiante certas reflexões formalistas e atualizá-las à luz da linguística contemporânea.

O interesse desse trabalho é duplo. Por um lado, o estudo dos signos literários pode constituir uma contribuição aos estudos linguísticos, pelas diferenças que pode estabelecer entre o "discurso" e a "língua", o "discurso particular" e o "discurso corrente". Por outro lado, essa pesquisa constitui um passo importante em direção à semiologia, a ciência geral dos signos.

A atenção de Todorov, ao contrário da do mestre Jakobson, volta-se para a narrativa mais do que para a poesia. Todorov pretende colaborar para o fundamento de uma gramática da narrativa, gramática não no sentido normativo, mas no sentido do conhecimento e classificação das estruturas narrativas. Descobrir as estruturas que existem subjacentes a toda narrativa, estabelecer um repertório de intrigas, de funções, de visões, eis alguns de seus objetivos, na esteira de Propp, Chklóvski, Eichenbaum.

Em busca dessas estruturas gerais, Todorov dedicou-se à análise de obras particulares. Seu livro *Littérature et signification* (Larousse, 1967) é o resultado da análise estrutural de *Les liaisons dangereuses* de Laclos, apresentada como tese universitária sob a direção de Barthes. Um objetivo mais vasto foi por ele perseguido no estudo *Poétique*, incluído no volume *Qu'est-ce que le structuralisme?* (Seuil, 1968): "Enquanto a linguística é a ciência da língua, a poética pretende tornar-se a ciência do *discurso*"; "o objeto da poética é a *literaridade*; seu método, as leis que governam o próprio discurso".

O desígnio de Todorov é portanto ambicioso, mas ele o persegue com extrema modéstia. No prefácio a esta coletânea, ver-se-á que ele qualifica sua tarefa como um trabalho de "esclarecimento", mais próximo da técnica do que da ciência. Enquanto outros se lançam à mesma empresa inebriando-se com uma terminologia desnecessariamente rebuscada, cultivando os paradoxos e os *mots d'esprit*, Todorov parece imune ao micróbio do esnobismo; prossegue passo a passo, mas de modo coerente, em direção a objetivos precisos. Por isso mesmo, dentre os que procuram elaborar um método para a análise estrutural da narrativa, seus estudos são dos mais úteis, pela lógica interna de seu raciocínio e pela clareza didática da exposição.

A obra que ora vem a público é uma coletânea de trabalhos nunca antes apresentados em forma de livro, mas publicados em diferentes revistas europeias, algumas de difícil acesso para nós. A primeira parte trata de questões epistemológicas e metodológicas; a segunda reúne alguns exemplos de aplicação do método estrutural à análise da narrativa. Embora escritos em períodos diferentes, no decorrer dos últimos cinco anos, os artigos estão ligados por grande coerência interna. Como ele próprio explica, no prefácio que se lerá a seguir, seu trabalho gira em torno de algumas constantes, relacionadas com alguns problemas essenciais da literatura: linguagem e literatura, poética e crítica, semelhança e diferença, literatura e real.

Não me cabe discutir aqui esses problemas, que constituem o cerne do presente volume. Mas posso, talvez, avançar algumas considerações.

A distinção realizada por Todorov entre poética e crítica tem a importância de definir dois enfoques da obra literária, que embora afins e complementares não são idênticos. Enquanto a poética visa à *literaridade* e se encaminha para a teoria da literatura, a crítica visa ao conhecimento da obra particular. Sendo o estruturalismo uma procura do geral no

13

particular, a expressão "crítico estruturalista" já é em si uma contradição. Poder-se-á usar um método que se quer rigoroso e científico e, ao mesmo tempo, buscar o particular, o único? Esse problema se liga intimamente ao da dupla semelhança-diferença. Talvez esteja aí o ponto crucial das reflexões de Todorov como de todo o estruturalismo. Do ponto de vista filosófico, é todo o problema do sujeito e do individualismo que aí se coloca. Do ângulo metodológico, a questão que se põe é a dos modelos, e da possibilidade de, através deles, apreender a dar conta da originalidade de cada obra. Ao longo da maioria das páginas que se seguem, veremos Todorov a braços com essa questão. As obras que mais se aproximam do modelo são as menores (assim a literatura policial, objeto de um capítulo) enquanto as maiores, por exemplo, as novelas de Henry James aqui estudadas, escapam sempre à classificação absoluta.

A utilidade do modelo não pode ser negada. O que é preciso é evitar que ele se torne obsessivo para quem o usa, e que se procure encaixar a obra no modelo de qualquer maneira, ou que se acabe tendo o modelo como critério de julgamento estético, como acontecia no classicismo. Todorov está bem atento a esses perigos, e embora o problema não esteja resolvido, para ele como para todo o estruturalismo, suas reflexões constituem importante contribuição para a sua solvência.

A questão das relações da literatura com o real leva Todorov a estudar a narrativa fantástica. Se o mundo da narrativa é o da ficção, que tem suas regras próprias, diferentes das do mundo real, é de certa forma estranho que se considerem algumas narrativas como "fantásticas". Fantástica, toda ficção o é em certa medida. É exatamente o estabelecimento dessa medida que atrai a atenção de Todorov.

Já é tempo de passar a palavra ao Autor. Esta obra será certamente de grande utilidade para nossos estudiosos de literatura, pois constitui a divulgação, em português, das ideias formalistas e estruturalistas, através de um herdeiro das primeiras e participante das segundas. Não se trata de uma teoria da narrativa, mas de um passo importante nessa direção. A análise estrutural, em literatura, está em seus primórdios. Se por um lado isso acarreta certas contradições metodológicas e terminológicas entre os autores (e por vezes entre "fases" do mesmo autor), oferece, em compensação, o grande atrativo da descoberta e do debate vivo.

LEYLA PERRONE-MOISÉS

PREFÁCIO

Prefaciar minha própria coletânea de artigos é uma tarefa que me obriga a adotar uma atitude toda particular: os textos que a compõem foram escritos durante cinco anos (1964-1969) e, com exceção dos últimos, não "vivem" mais para mim: já que todo novo texto mata o precedente, este prefácio mesmo torna caduco o escrito que o precede no tempo. Não quero pois escrever este prólogo na contiguidade dos textos que compõem a coletânea, posso apenas tomá--los como objeto de um novo estudo; e para tanto, é preciso que eu me torne meu próprio leitor, como se fosse algum outro que tivesse escrito em meu lugar.

Os textos aqui reunidos dão uma imagem fiel de minha atividade durante esses cinco anos (ou daquilo que julgo ser sua melhor parte): não só porque eles são seu resultado tangível, mas também porque vários dentre eles "representam" (à maneira dos embaixadores) os trabalhos que realizei em outras partes. Assim, o primeiro artigo, "A herança metodológica do formalismo", data do período em que eu traduzia os formalistas russos: atividade cujo resultado foi a coletânea *Théorie de la littérature, Textes des formalistes russes* (Seuil, 1965). Agrada-me ver esse texto encabeçando a lista, não por suas qualidades intrínsecas, mas porque ele simboliza minha dívida para com o formalismo. Os formalistas continuam sendo minha fonte de inspiração mais direta e ainda os considero como a corrente mais notável de crítica literária que tenhamos conhecido.

"Linguagem e literatura" é igualmente um "embaixador": representa – no plano metodológico – meu livro *Littérature et signification* (Larousse, 1967), que era consagrado à análise de uma única obra, *Les liaisons dangereuses* de Laclos. Da mesma forma, "A análise estrutural da narrativa" retoma, em resumo, os temas de minha contribuição ao volume coletivo *Qu'est-ce que le structuralisme?* (Seuil, 1968), tratando da "poética" estrutural. Enfim, dois outros textos, "A gramática da narrativa" e "A narrativa fantástica" ligam-se a livros que vêm à luz ao mesmo tempo que a presente coletânea: *Grammaire du "Decameron"* (Mouton) e *Introduction à la littérature fantastique* (Seuil).

Devo entretanto dissipar, desde o início, a ideia de uma "diversidade" dos textos aqui reunidos, da "variedade" das questões tratadas: não é nada disso. Ao me ler, tenho ao contrário a impressão (que outro leitor pode não partilhar) de que se trata constantemente da mesma coisa – até a monotonia. Irei mais longe: é impensável, para mim, *corrigir* esses artigos, salvo no plano do estilo, para os reunir numa coletânea, pois tal correção implica a supressão da própria coletânea: cada um deles, a meu ver, é uma nova versão do (ou dos) precedente(s). Contrariamente ao que se poderia pensar, levantar uma questão não significa que se poderá responder a ela. Ao invés de passar a outro problema, volta-se, como o assassino ao lugar do crime, sempre ao ponto de partida.

Não me é entretanto fácil nomear essas constantes e sobretudo fazê-las aceitar pelo leitor: é aqui que sinto de maneira particularmente aguda que meu estatuto, neste momento, não é diferente do de outro leitor qualquer. Só posso portanto avançar hipóteses.

Uma primeira constante seria a atração que exerce sobre mim a teoria literária, em oposição à crítica, no sentido clássico. Mesmo se meus textos são, cada vez com maior frequência, análise de obras particulares, e não pura teoria, meu objetivo continua sendo sempre não o conhecimento de tal romance ou de tal novela, mas o esclarecimento de um problema geral da literatura ou mesmo dos estudos literários. O estatuto dessa "teoria literária" não me é, entretanto, perfeitamente claro. Falei de uma oposição entre crítica e poética (ligando meus estudos ao segundo tipo de atividade), análoga à que existe entre a interpretação e a ciência; mas inscrever a poética no quadro das ciências humanas não explica grande coisa, no estado atual de nossos conhecimentos epistemológicos sobre as ciências humanas. Por outro lado, não reivindico para meus estudos nenhum valor *literário*; sendo o francês, para mim, uma língua estrangeira, os problemas da escritura (da minha) ficam fora de meu campo de visão. Enfim, não considero meus textos como ligados ao discurso filosófico; não só porque não têm valor filosófico particular, mas também porque sua intenção é outra.

Tocado, influenciado, modificado por esses três tipos de discurso – científico, literário, filosófico – meu texto não me parece pertencer a nenhum deles. Não poderia trazer, como elemento positivo para a solução do problema, senão uma comparação: essa atividade me parece ter algo a ver com a técnica, procura preencher uma função, digamos de *esclarecimento*. Mais do que de fazer obra de ciência, de literatura, de filosofia, tenho a impressão de dirigir um raio de luz, fraco e fugidio é verdade, sobre esse objeto, a literatura. Em meio a um desinteresse, para mim incompreensível, pela exata natureza do fato literário, tento mostrar como funciona tal ou tal parte do mecanismo. Essas exposições são sempre parciais: mas é preciso que se comece um dia...

Ligar meus textos à teoria mais do que à crítica ou à descrição levanta também outro problema: o do lugar e do papel da obra literária particular. Recusar a crítica biográfica, sociológica ou filosófica tem sido frequentemente feito em nome de uma "proteção" da *obra*: essas críticas externas violam a autonomia da obra individual. Ao mesmo tempo

19

que endosso a recusa da crítica externa, não me proponho "proteger" ou "salvar" a unicidade do texto literário (o texto intitulado "Poética e crítica" ajudou-me a precisar este ponto). A crítica que me foi dirigida com maior frequência (por parte dos críticos benevolentes) é precisamente: não se deve ignorar a especificidade da obra individual. Por minha natureza, tenho tendência a dar razão ao adversário, mas isto me é muito difícil no que concerne a este ponto particular. A "especificidade" da obra (a obra como pura diferença) parece-me ser um mito: mito cuja falta de fundamento aparece tanto no texto literário quanto no texto crítico.

Pois, por um lado, a obra literária não é jamais "original", ela participa de uma rede de relações entre ela mesma e as outras obras do mesmo autor, da mesma época, do mesmo gênero. Se se dá à palavra gênero um sentido generalizado, poder-se-ia dizer que a obra não existe nunca fora do gênero: quer seja um gênero "pessoal" (constituído por todas as obras do escritor) ou "temporal" (pelas obras de um período) ou "tradicional" (como a comédia, a tragédia etc). Em cada um desses casos, pode-se provar a realidade *formal* do gênero.

Por outro lado, mesmo se a especificidade existisse, o texto crítico não saberia dizê-la. O último estudo dessa coletânea, "Os fantasmas de Henry James", é em parte consagrado a esse problema, e tento aí demonstrar que a natureza abstrata, essencialista, "genérica" da linguagem nos obriga a tratar dos gêneros, não de obras particulares. A única maneira de preservar a especificidade seria guardar silêncio: mas viu-se que mesmo esta especificidade já é falseada.

A linguagem exerce sobre mim uma verdadeira fascinação, e sua problemática intervém em vários níveis (sem levar em conta alguns estudos mais propriamente linguísticos – ou, se se quiser, "retóricos" – que lhe consagrei e que não estão incluídos aqui). Primeiramente, a linguística representou para mim o papel de um intermediário útil com relação à epistemologia. Por outro lado, a obra literária não existe fora de sua literalidade verbal, e esta pode ter um papel predominante, mesmo no nível das estruturas narrativas, como tentei mostrar com *Aurélia*, em "A narrativa fantástica". Em terceiro lugar, a obra literária propõe sempre – de modo mais ou menos explícito – uma concepção da linguagem e da palavra; a linguagem é uma das constantes temáticas da obra literária, como assinalo com relação à *Odisseia*, *As Mil e Uma Noites* ou *A Demanda do Graal* (analisei nesse sentido textos de Laclos e de Constant, igualmente; esses estudos não estão incluídos aqui).

Enfim, a linguagem intervém também a título de modelo. Mais precisamente, a teoria literária deve inscrever-se no quadro da semiótica, a ciência geral dos signos. Sendo a literatura ela mesma um sistema de signos, descobriremos no discurso literário numerosos traços comuns a todas as linguagens. Explorei essa aproximação em "Linguagem e literatura" e "A gramática da narrativa".

Uma dupla de categorias que, em mim, vem da linguística mas a extravasa por sua generalidade, parece tornar-se o horizonte para o qual se orienta o conjunto desses estudos. Chegamos assim à narrativa – que permanecia curiosamente ausente deste prefácio embora figure no título do livro. Essa dupla será chamada, por enquanto, de diferença e repetição (ou semelhança), sem nada presumir da sorte ulterior desses termos. Será talvez buscar longe demais o ponto de partida, querer instaurar essas duas noções na base de todas as outras. Não me faço, no momento, nenhuma pergunta relativa a seu estatuto antropológico ou epistemológico. Mas não cesso de as encontrar em domínios aparentemente isolados da análise literária.

Primeiramente, no domínio da temporalidade, e mesmo de modo mais geral, no da organização sintagmática da narrativa. A narrativa se constitui na tensão de duas forças. Uma é a mudança, o inexorável curso dos acontecimentos, a interminável narrativa da "vida" (a história), onde cada instante se apresenta pela primeira e última vez. É o caos que a segunda força tenta organizar; ela procura dar-lhe um sentido, introduzir uma ordem. Essa ordem se traduz pela repetição (ou pela semelhança) dos acontecimentos: o momento presente não é original, mas repete ou anuncia instantes passados e futuros. A narrativa nunca obedece a uma *ou* a outra força, mas se constitui na tensão das duas, como tentei mostrar em "Tipologia do romance policial", "A narrativa primordial" e "A demanda da narrativa".

Uma oposição análoga pode ser observada no plano temático (grande parte de meu livro *Introduction à la littérature fantastique* é consagrada a essa questão; ela é simplesmente evocada em "Os fantasmas de Henry James"). Os temas da literatura podem ser organizados em duas grandes redes, cujos elementos são, em princípio, incompatíveis. Poder-se-ia definir a primeira como aquela em que predomina a problemática do homem colocado diante do mundo ou, em termos freudianos, o do sistema percepção-consciência. Pertence à segunda o tema das relações inter-humanas, o que nos remete ao sistema dos impulsos inconscientes. Que me perdoem essa esquematização extrema, da qual necessito para o presente raciocínio.

A oposição das redes temáticas e a dos tipos de temporalidade são redutíveis uma à outra (ou à dupla diferença-repetição). Empiricamente, são os mesmos textos que nos permitem observar a temporalidade do tipo "eterna volta" e os temas de "percepção-consciência". Assim, *A Demanda do Graal* onde 1) todas as peripécias da narrativa são anunciadas de antemão, a noção de acontecimento original é profundamente contestada, e 2) o tema fundamental é o lugar do homem no mundo, sua busca de Deus. O mesmo acontece – mas de maneira bem diferente – nas novelas de Henry James, onde o texto se organiza em torno de acontecimentos sucessivos, provenientes de uma ou de várias pessoas, de um mesmo acontecimento (portanto temporalidade tipo "eterna volta") e onde o tema principal é o da percepção, da busca humana do mundo (tratei desse assunto numa introdução às novelas de James, não incluída aqui). A temática do desejo, em compensação, é proibida num como noutro texto, enquanto ela predomina nas narrativas onde a temporalidade é do tipo "presente perpétuo".

Essa é uma hipótese por enquanto bastante grosseira e contra a qual não será difícil encontrar exemplos; basta citar, entre os textos de que trato no presente livro, a *Odisseia*. Creio, entretanto, que uma elaboração futura da teoria permitirá superar as contradições, que se tornarão então um ponto de partida para a descoberta de novos aspectos, de novas leis do discurso literário. Essa tensão entre a diferença e a semelhança poderá talvez dar conta das intuições que estavam na base da antiga oposição entre prosa e poesia – oposição superada, mas cuja existência merece explicação.

...Volto ao ponto de partida: a atitude de leitor, que resolvi adotar, não me é, percebo agora, de modo algum desconhecida. Minhas "constantes", o que ainda conserva um valor para mim neste livro, ainda mais: o que constitui "minha" imagem tal qual a vejo eu mesmo – são precisamente as passagens que escrevi como se eu *já* fosse um leitor, um outro. Onde eu escrevia não para mim mas para outrem, não para me exprimir, mas para fazer (falar) o texto. Só se escreve lendo...: paradoxo cuja digna contrapartida reside no próprio ato da escritura, que parece ter sido inventado para dar um exemplo perfeito da noção de impossibilidade. Pois a escritura não conhece um "antes", ela não é a expressão de um pensamento prévio; mas então, que é que se escreve?

O "mistério nas letras" tem isto de atraente: torna-se mais espesso à medida que se tenta dissipá-lo.

TZVETAN TODOROV

I

PRELIMINARES

1. A HERANÇA METODOLÓGICA DO FORMALISMO

O método estrutural, desenvolvido primeiramente em Linguística, encontra partidários cada vez mais numerosos em todas as ciências humanas, inclusive no estudo da literatura. Essa evolução parece tanto mais justificada quanto, entre as relações da língua com as diferentes formas de expressão, as que a unem à literatura são profundas e numerosas. Não é aliás a primeira vez que se opera essa aproximação. A origem do Círculo Linguístico de Praga, uma das primeiras escolas de linguística estrutural, não é outra senão uma corrente de estudos literários que se desenvolveu na Rússia durante os anos 1915-1930, e que é conhecida sob o nome de "formalismo russo". A relação entre um e outro é incontestável: estabeleceu-se tanto por intermédio daqueles que participaram dos dois grupos, simultânea ou sucessivamente (R. Jakobson, B. Tomachévski, P. Bogatirióv), quanto pelas publicações dos formalistas, que o Círculo de Praga não ignorou. Seria exagerado afirmar que o estruturalismo linguístico tomou suas ideias emprestadas ao formalismo, pois os campos de estudo e os objetivos das duas escolas não são os mesmos; encontram-se, entretanto, nos estruturalistas, marcas de uma influência "formalista", tanto nos princípios gerais quanto em certas técnicas de análise. Eis por que é natural e necessário lembrar hoje, quando o interesse pelo estudo estrutural da literatura renasce, as principais aquisições metodológicas devidas aos formalistas, e compará-las com as da linguística contemporânea.

As ideias dos formalistas, modificadas e enriquecidas pelo trabalho dos linguistas de Praga, são muito mais conhecidas hoje que seus nomes e seus escritos; há dez anos, quase tinham caído no esquecimento. O leitor ignorou esses textos escritos em russo, cujas edições originais são aliás difíceis de encontrar hoje. A situação modificou-se sensivelmente com a publicação do livro de V. Erlich, *Russian Formalism* (1955), a única monografia não russa consagrada ao assunto. Essa obra continua indispensável como fonte de informação; tem o mérito de levantar e analisar um grande número de textos, publicados frequentemente em revistas ou coletâneas esquecidas e dificilmente encontráveis na hora atual. Entretanto, não explica com clareza suficiente suas implicações metodológicas, e isto por uma razão do próprio formalismo: essa escola nunca elaborou uma teoria que pudesse ser admitida de modo geral. O grande mérito dos estudos formalistas é a profundidade e a finura de suas análises concretas, mas suas conclusões teóricas são muitas vezes mal fundadas e contraditórias. Os próprios formalistas sempre tiveram consciência dessa lacuna: não cessam de repetir que sua doutrina está em constante elaboração. Assim, para levar adiante uma discussão teórica, Erlich é frequentemente obrigado a recorrer às declarações paradoxais de Chklóvski, que refletem a primeira fase do formalismo, ao invés de realçar certas tendências então secundárias, mas mais próximas dos métodos seguidos, desde então, pelos linguistas e antropólogos. As ideias que não são mais discutíveis são levadas em conta, ao passo que as sugestões concernentes aos pontos mais complexos da teoria passam muitas vezes despercebidas. Enfim, mesmo a melhor apresentação é necessariamente uma simplificação e um empobrecimento, e não poderia substituir os próprios textos. Eis por que a tradução inglesa de um livro da época, *A morfologia do conto popular* de Propp (1928a), suscitou grande interesse. Entretanto, essa obra representa uma das tendências extremistas do formalismo, e não a corrente geral; precisamente por essa razão, a justa crítica que lhe fez Lévi-Strauss não é tanto a crítica do formalismo em geral, quanto a que um formalista mesmo poderia dirigir ao livro de Propp. Tendo ficado essa tradução como única no gênero, é com alegria que recebemos a reedição de certos textos russos, empreendida por Mouton na série *Slavistic Printings and Reprintings* (n° XXVI, B. Eichenbaum, *Skvoz literatúru*; XXXIV, V. Jirmúnski, *Vopróssi teórii literatúri*; XLVII, J. Tinianov, *Problema stikhotvórnovo iaziká*; XLVIII, *Rússkaia proza*). A escolha dos editores é entretanto difícil de explicar: tirante o de Tinianov, os outros livros estão longe de constituir os melhores estudos formalistas[1].

Erlich atribui importância exagerada às razões políticas na dissolução do grupo formalista. A crise do movimento começa de fato antes de sua condenação oficial e se deve a fatores internos. Os escritos dos formalistas, tanto os do último período do grupo (1927-1930) quanto alguns livros recentes onde eles retomaram suas melhores ideias, sem trazer nada de novo à teoria literária (cf. o livro de Chklóvski, 1959), provam-no suficientemente. A falta de rigor científico conduziu o movimento a um impasse. O defeito é sobretudo sensível nos trechos em que os formalistas recorrem a noções linguísticas ou semiológicas. É verdade que elas não possuíam ainda a precisão e a generalidade que hoje têm. Mas, para nós, esta é uma razão suplementar para confrontar a doutrina formalista com os métodos e noções linguísticas atuais. Poderemos assim distinguir o que resta de útil para a análise estrutural da literatura. Tentaremos aqui fazê-lo, sem pretender exaurir o assunto.

1. Indiquemos igualmente a coleção *Michigan Slavic Materials*, sobretudo os nos. 2 (*Readings in Russian Poetics*), 3 (N. S. Trubetzkoy, *Three Philological Studies*), 5 (O. M. Brik, *Two Essays on Poetic Language*). (N. do A.)

Antes de encetar esse confronto, é importante precisar alguns princípios de base da doutrina formalista. Fala-se mais frequentemente de "método formal", mas a expressão é imprecisa e pode-se contestar a escolha tanto do substantivo quanto do adjetivo. O método, longe de ser único, engloba um conjunto de processos e técnicas que servem à descrição da obra literária, mas também a investigações científicas muito diversas. No essencial, diremos simplesmente que é preciso considerar antes de tudo a obra mesma, o texto literário, como um sistema imanente; está claro que este é apenas um ponto de partida e não a exposição detalhada de um método. Quanto ao termo "formal", trata-se mais de uma etiqueta que se tornou cômoda do que de uma denominação precisa, e os próprios formalistas o evitam. A forma, para eles, recobre todos os aspectos, todas as partes da obra, mas ela existe somente como relação dos elementos entre si, dos elementos com a obra inteira, da obra com a literatura nacional etc, isto é, como um conjunto de funções. O estudo propriamente literário, que chamamos hoje de estrutural, caracteriza-se pelo ponto de vista escolhido pelo observador e não pelo seu objeto que, de outro ponto de vista, poderia prestar-se a uma análise psicológica, psicanalítica, linguística etc. A fórmula de Jakobson (1921): "o objeto da ciência literária não é a literatura mas a *literatúrnost*, isto é, o que faz de determinada obra uma obra literária", deve ser interpretada ao nível da investigação e não do objeto.

Todo estudo, desde que se queira científico, tropeça em problemas de terminologia. Entretanto, a maior parte dos pesquisadores recusam aos estudos literários o direito a uma terminologia bem definida e precisa, sob pretexto de que a visada dos fenômenos literários muda segundo as épocas e os países. O fato de que forma e função, essas duas faces do signo, possam variar independentemente uma da outra, impede toda classificação absoluta. Toda classificação estática deve manter uma dessas faces idêntica, sejam quais forem as variações da outra. Segue-se que: *a*) cada termo deve ser definido com relação aos outros e não com relação aos fenômenos (obras literárias) que ele designa; *b*) todo sistema de termos vale por um corte sincrônico determinado, cujos limites, postulados, são arbitrários. J. Tinianov coloca o problema em seu prefácio à coletânea *A prosa russa* (1926) e o ilustra pela classificação dos gêneros em seus artigos "O fato literário" e "Da evolução literária" (Tinianov, 1929). Segundo seus próprios termos, "o estudo dos gêneros isolados é impossível fora do sistema no qual e com o qual eles estão em correlação" (p. 38). As definições estáticas dos gêneros, que empregamos correntemente, só levam em conta o significante. Um romance contemporâneo, por exemplo, deveria ser aproximado, do ponto de vista de sua função, da antiga poesia épica; mas nós o associamos ao romance grego em razão de sua forma prosaica comum. "O que foi o traço distintivo do poema no século XVIII deixou de o ser no XIX. Do mesmo modo, sendo a função da literatura correlata das outras séries culturais da mesma época, o mesmo fenômeno pode ser fato literário ou extraliterário" (*Rússkaia proza*, p. 10).

O objetivo da pesquisa é a descrição do funcionamento do sistema literário, a análise de seus elementos constitutivos e a evidenciação de suas leis, ou, num sentido mais estreito, a descrição científica de um texto literário e, a partir daí, o estabelecimento de relações entre seus elementos. A principal dificuldade vem do caráter heterogêneo e estratificado da obra literária. Para descrever exaustivamente um poema, devemos colocar-nos sucessivamente em diferentes níveis – fônico, fonológico, métrico, entonacional, morfológico, sintático, léxico, simbólico... – e levar em conta suas relações de interdependência. Por outro lado, o código literário, ao inverso do código linguístico, não tem caráter estritamente constrangedor e somos obrigados a deduzi-lo de cada texto particular, ou pelo menos a corrigir cada vez a formulação anterior. É pois necessário operar um certo número de transformações para obter o modelo, e somente este se prestará a uma análise estrutural. Entretanto, em oposição ao estudo mitológico ou onírico, nossa atenção deve voltar-se para o caráter dessas operações, tanto, senão mais, quanto para seus resultados, já que nossas regras de decodificação são análogas às regras de codificação de que se serviu o autor. Se assim não fosse, correríamos o risco de reduzir ao mesmo modelo obras inteiramente diferentes e de fazê-las perder todo caráter específico.

O exame crítico dos métodos empregados exige a explicitação de algumas proposições fundamentais, subentendidas nos trabalhos formalistas. Estas são admitidas *a priori*, e sua discussão não é do domínio dos estudos literários. A literatura é um sistema de signos, um código, análogo aos outros sistemas significativos, tais como a língua articulada, as artes, as mitologias, as representações oníricas etc. Por outro lado, e nisso ela se distingue das outras artes, constrói-se com a ajuda de uma estrutura, isto é, a língua; é pois um sistema significativo em segundo grau, por outras palavras, um sistema conotativo. Ao mesmo tempo a língua, que serve de matéria à formação das unidades do sistema literário, e que pertence, pois, segundo a terminologia hjelmsleviana, ao plano da expressão, não perde sua significação própria, seu conteúdo. É preciso, além disso, levar em conta as diferentes funções possíveis de uma mensagem, e não reduzir seu sentido a suas funções referencial e emotiva. A noção de função poética, ou estética, que diz respeito à própria mensagem, introduzida por Iakubínski, desenvolvida por Jakobson (1921, 1923) e Mukarovsky, e integrada no sistema nocional da linguística por Jakobson (1963), intervém tanto no sistema da literatura quanto no da língua, e cria um equilíbrio complexo de funções. Notemos que os dois sistemas, frequentemente análogos, não são entretanto idênticos; além disso, a literatura utiliza códigos sociais cuja análise não compete a um estudo literário.

Todo elemento presente numa obra traz uma significação que pode ser interpretada segundo o código literário. Para Chklóvski, "a obra é inteiramente construída. Toda a sua matéria é organizada" (1926, p. 99). A organização é intrínseca ao sistema literário e não diz respeito ao referente. Assim, Eichenbaum escreve: "Nenhuma frase da obra literária pode ser, em si, uma expressão direta dos sentimentos pessoais do autor, ela é sempre construção e jogo..." (p. 161). Portanto é preciso igualmente levar em conta as diferentes funções da mensagem, pois a "organização" pode manifestar-se em vários planos diferentes. Essa observação permite distinguir nitidamente literatura de folclore; o folclore admite uma independência muito maior dos elementos.

O caráter sistemático das relações entre os elementos decorre da própria essência da linguagem. Essas relações constituem o objeto da investigação literária propriamente dita. Tinianov (1929) assim formulou essas ideias, fundamentais em linguística estrutural: "A obra representa um sistema de fatores correlativos. A correlação de cada fator com os outros é sua função com respeito ao sistema" (p. 49). "A existência do sistema não resulta de uma cooperação igualitária de todos os elementos, supõe a predominância de um grupo de elementos e a deformação dos outros" (p. 41). Uma observação de Eichenbaum fornece um exemplo disso: quando as descrições são substituídas pelas intervenções do autor, "é principalmente o diálogo que torna manifestos o argumento e o estilo" (p. 192). Isolar um elemento no decorrer da análise não é mais que um processo de trabalho: sua significação se encontra em suas relações com os outros.

A desigualdade dos elementos constitutivos impõe uma outra regra: um elemento não se liga diretamente com qualquer outro, a relação se estabelece em função de uma hierarquia de planos (ou estratos) e de níveis (ou fileiras), segundo o eixo das substituições e o eixo dos encadeamentos. Como notou Tinianov (1929), "o elemento entra simultaneamente em relação: com a série de elementos semelhantes de outras obras-sistemas e mesmo de outras séries, e com os outros elementos do mesmo sistema (função autônoma e função sintática)" (p. 33). Os diferentes níveis são definidos pelas dimensões de suas partes. O problema da menor unidade significativa será discutido mais além; quanto à maior, é, no quadro dos estudos literários, toda a literatura. O número desses níveis é teoricamente ilimitado, mas na prática consideram-se três: o dos elementos constitutivos, o da obra, o de uma literatura nacional. Isso não impede que, em certos casos, se ponha no primeiro plano um nível intermediário, por exemplo, um ciclo de poemas, ou as obras de um gênero ou de um período determinado. A distinção de diferentes planos exige maior rigor lógico e essa é nossa primeira tarefa. O trabalho dos formalistas visou essencialmente à análise de poemas, onde eles distinguiram os planos fônico e fonológico, métrico, entonacional e prosódico, morfológico e sintático etc. Para sua classificação, a distinção hjelmsleviana entre forma e substância pode ser muito útil. Chklóvski mostrou, a propósito de textos em prosa, que essa distinção é válida igualmente no plano da narrativa, onde os processos de composição podem ser separados do conteúdo episódico. É evidente que a ordem de sucessão dos níveis e dos planos, no texto, não deve obrigatoriamente coincidir com a da análise; eis por que esta ataca frequentemente a obra por inteiro: é ali que as relações estruturais se manifestam de forma mais nítida.

Examinemos primeiramente alguns métodos, já sugeridos pelos trabalhos dos formalistas, mas desde então largamente aperfeiçoados pelos linguistas. Por exemplo, a análise em traços distintivos, que aparece de modo bem claro na fonética, nos primeiros escritos dos formalistas, os de Iakubínski e Brik. Mais tarde, alguns formalistas participam dos esforços dos estruturalistas de Praga, tendo em vista definir a noção de fonema, de traço distintivo, de traço redundante etc. (ver, entre outros, os estudos de Bernstein). A importância dessas noções para a análise literária foi indicada por Brik, a propósito da descrição de um poema, onde a distribuição dos fonemas e dos traços distintivos serviria a formar ou a reforçar sua estrutura. Brik define a dupla de repetição mais simples como "aquela na qual não se distingue o caráter palatalizado ou não palatalizado das consoantes, mas onde as surdas e as sonoras são representadas como sons diferentes" (p. 60).

A validade desse tipo de análise é confirmada tanto por seu êxito na fonologia atual quanto por seu fundamento teórico, que reside nos princípios acima mencionados: a definição relacional é a única válida, pois as noções não se definem com relação a uma matéria que lhes é estranha. Como notou Tinianov, "a função de cada obra está na sua correlação com as outras... Ela é um signo diferencial" (*Rússkaia proza*, p. 9). Mas a aplicação desse método pode ser consideravelmente alargada, se nos fundamentarmos na hipótese da analogia profunda entre as faces do signo. É assim que o mesmo Tinianov (1924) tenta analisar a significação de uma "palavra", do mesmo modo que se analisa sua face significante ("A noção de traço fundamental em semântica é análoga à noção de fonema em fonética", p. 134), decompondo-a em elementos constitutivos: "Não se deve partir da palavra como de um elemento indivisível da arte literária, tratá-la como o tijolo com o qual se constrói o edifício. Ela é divisível em 'elementos verbais' muito menores" (p. 35). Essa analogia não foi, na época, desenvolvida e matizada, em razão da definição psicológica do fonema então predominante. Mas hoje esse princípio é cada vez mais aplicado nos estudos de semântica estrutural.

Enfim, pode-se tentar aplicar esse método à análise das unidades significativas do sistema literário, isto é, ao conteúdo do sistema conotativo. O primeiro passo nesse caminho consistiria em estudar as personagens de uma narrativa e suas relações. As numerosas indicações dos autores, ou mesmo um olhar superficial sobre qualquer narrativa, mostram que tal personagem se opõe a tal outra. Entretanto, uma oposição imediata das personagens simplificaria essas relações, sem nos aproximar de nosso objetivo. Seria melhor decompor cada imagem em traços distintivos e colocá-los em relação de oposição ou de identidade com os traços distintivos das outras personagens da mesma narrativa. Obter-se-ia assim um número reduzido de eixos de oposição, cujas diversas combinações reagrupariam esses traços em feixes representativos das personagens. O mesmo procedimento definiria o campo semântico característico da obra em questão. No princípio, a denominação desses eixos dependeria essencialmente da intuição pessoal do investigador, mas o confronto de várias análises análogas permitiria estabelecer quadros mais ou menos "objetivos" para um autor, ou mesmo para um período determinado de uma literatura nacional.

Esse mesmo princípio engendra um outro processo, de larga aplicação em linguística descritiva: a definição de um elemento pelas possibilidades de sua distribuição. Tomachévski (1929) utilizou esse processo para caracterizar os diferentes tipos de esquema métrico, e vê nele uma definição por substituição: "é preciso chamar de iambo de quadro medidas toda combinação que pode substituir, num poema, qualquer verso iâmbico de quatro medidas" (p. 46). O mesmo processo foi utilizado por Propp (1928a) numa análise semântica do enunciado.

O método de análise em constituintes imediatos se encontra igualmente em linguística descritiva. Foi aplicado muitas vezes pelos formalistas. Tomachévski (1925) o discute a propósito da noção de "tema". "A obra inteira pode ter seu tema e ao mesmo tempo cada parte da obra possui o seu... Com a ajuda dessa decomposição da obra em unidades temáticas, chegamos às partes *indecomponíveis*, às menores partículas do material temático... O tema de cada unidade indecomponível da obra se chama *motivo*. No fundo, cada oração possui seu próprio motivo" (p. 137). Se a utilidade de tal princípio parece evidente, sua aplicação concreta coloca problemas. Primeiramente, é preciso abster-se de identificar motivo e oração, pois as duas categorias pertencem a séries nocionais diferentes. A semântica contemporânea evita a dificuldade introduzindo duas noções distintas: lexema (ou morfema) e sema. Como notou justamente Propp (1928a), uma frase pode conter mais de um motivo (seu exemplo contém quatro); é igualmente fácil encontrar exemplos do caso inverso. Propp mesmo manifesta uma atitude mais prudente e mais nuançada. Cada motivo comporta várias funções. Estas existem ao nível constitutivo e sua significação não é imediata na obra; seu sentido depende mais de sua possibilidade de ser integrado no nível superior: "A função representa o ato de uma personagem, definido do ponto de vista de sua importância para o desenrolar da ação" (pp. 30-31). A exigência de significação funcional é importante aqui também, pois os mesmos atos têm, muitas vezes, um papel diferente em narrativas diferentes. Para Propp, essas funções são constantes, em número limitado (trinta e duas para os contos fantásticos russos) e podem ser definidas *a priori*. Sem discutir aqui a validade para sua análise do material folclórico, podemos dizer que uma definição *a priori* não se revela útil à análise literária. Parece que para esta, como para a linguística, o êxito dessa decomposição depende da ordem admitida no procedimento. Mas sua formalização coloca, para a análise literária, problemas ainda mais complexos, porque a correspondência entre significante e significado é mais difícil de seguir do que em linguística. As dimensões verbais de um "motivo" não definem o nível no qual ele se liga a outros motivos. É assim que um capítulo pode ser constituído tanto por várias páginas como por uma só frase. Por conseguinte, a delimitação de níveis semânticos, onde aparecem as significações dos motivos, constitui a premissa indispensável a essa análise. Está claro, por outro lado, que essa unidade mínima pode ser analisada em seus constituintes[2], mas estes não pertencem mais ao código conotativo: a dupla articulação se manifesta, aqui, como em linguística.

A diversidade do material pode ser consideravelmente reduzida, graças a uma operação de transformação. Propp introduz essa noção de transformação, procedendo à comparação das classes paradigmáticas. Uma vez decompostos os contos, em partes e funções, torna-se claro que as partes que têm o mesmo papel sintático podem ser consideradas como derivadas de um mesmo protótipo, por intermédio de uma regra de transformação aplicada à forma primária. Essa comparação paradigmática (ou por "rubricas verticais") mostra que sua função comum permite aproximar formas em aparência muito diferentes. "Essas formações são consideradas frequentemente como um novo assunto, se bem que deduzidas das antigas, por uma certa transformação... Agrupando o material de cada rubrica, podemos definir todas as maneiras, ou melhor, todos os tipos de transformação... Os elementos atributivos, assim como as funções, são submetidos às leis de transformação" (1928a, p. 28). Assim, Propp supõe que se pode remontar ao conto primário, do qual saíram os outros.

Duas observações preliminares se impõem. Aplicando à literatura as técnicas de Propp, é preciso levar em conta as diferenças entre criação folclórica e criação individual (cf. a esse respeito o artigo de Bogatirióv e R. Jakobson). A especificidade do material literário exige que a atenção se volte

---

2. É o que propõe, por exemplo, Ch. Hockett: "É preciso admitir que um romance inteiro possui uma espécie de estrutura determinada de constituintes imediatos; esses constituintes imediatos consistem, por sua vez, em constituintes menores e assim por diante, até chegarmos aos morfemas individuais" (p. 557). (N. do A.)

para as regras de transformação e para a ordem de sua aplicação, mais do que para o resultado obtido. Por outro lado, em análise literária, a procura de um esquema genético primário não se justifica. A forma mais simples, tanto no eixo dos encadeamentos como no das substituições, fornece à comparação a medida que permite descrever o caráter da transformação.

Propp explicitou essa ideia e propôs uma classificação das transformações num artigo intitulado "As transformações dos contos fantásticos" (1928b). "As transformações dividem-se em três grandes grupos: mudanças, substituições e assimilações, sendo estas definidas como uma substituição completa de uma forma por outra, de tal sorte que se produz uma fusão das duas formas em uma única" (p. 84). Para agrupar essas transformações no interior de cada um dos grandes tipos, Propp procede de duas maneiras diferentes:

No primeiro grupo segue certas figuras retóricas e enumera as seguintes mudanças:

1) Redução
2) Amplificação
3) Corrupção
4) Inversão (substituição pelo inverso)
5) Intensificação
6) Enfraquecimento.

Os dois últimos modos de mudança concernem sobretudo às ações.

Nos dois outros, a origem do elemento novo fornece o critério de classificação. Assim, as assimilações podem ser:

15) Internas (ao conto)
16) Derivadas da vida (conto + realidade)
17) Confessionais (seguem as modificações da religião)
18) Devidas a superstições
19) Literárias
20) Arcaicas.

O número total das transformações é limitado por Propp em vinte. Elas são aplicáveis a todos os níveis da narrativa. "O que concerne aos elementos particulares do conto concerne aos contos em geral. Um elemento acrescentado produz uma amplificação, no caso inverso uma redução" etc. (p. 85). Assim, o problema da transformação, crucial tanto para a linguística contemporânea quanto para os outros ramos da antropologia social, coloca-se igualmente na análise literária; a analogia permanece evidentemente incompleta. Como a tentativa de Propp não foi seguida de outros ensaios do mesmo gênero, discutir sobre as regras de transformação, sua definição, seu número, sua utilidade não é possível; parece, entretanto, que um agrupamento em figuras retóricas, cuja definição deveria ser retomada de um ponto de vista lógico, daria os melhores resultados.

O problema da classificação tipológica das obras literárias suscita, por sua vez, dificuldades que reencontramos aliás em linguística. Uma análise elementar de várias obras literárias revela imediatamente um grande número de semelhanças e de traços comuns. Foi uma verificação análoga que deu nascimento ao estudo científico das línguas; é ela também que se encontra na origem do estudo formal da literatura, como testemunham os trabalhos de A. N. Vesselóvski, eminente predecessor dos formalistas. Do mesmo modo, na Alemanha, a tipologia de Wölflin em história da arte deu a ideia de uma tipologia das formas literárias (cf., por exemplo, os trabalhos de O. Walzel, F. Strich, Th. Spoerri). Mas o valor e o alcance da descoberta não foram percebidos. Os formalistas abordam esse problema a partir de dois princípios diferentes, que não é fácil coordenar. Por um lado, eles reencontram os mesmos elementos, os mesmos processos ao longo da história literária universal, e veem nessa recorrência uma confirmação de sua tese, segundo a qual a literatura é uma "pura forma", não tem nenhuma (ou quase nenhuma) relação com a realidade extraliterária, e pode pois ser considerada como uma "série" que tira suas formas de si mesma. Por outro lado, os formalistas sabem que a significação de cada forma é funcional, que uma mesma forma pode ter diversas funções, as únicas que importam para a compreensão da obra, e que, por conseguinte, discernir a semelhança entre as formas, longe de fazer progredir o conhecimento da obra literária, seria mesmo inútil. A inexistência desses dois princípios nos formalistas se deve, por um lado, à ausência de uma terminologia única e precisa, por outro, ao fato de eles não serem utilizados simultaneamente pelos mesmos autores: o primeiro princípio é desenvolvido e defendido sobretudo por Chklóvski, enquanto o segundo é fundado nos trabalhos de Tinianov e de Vinogradov. Esses se preocupam muito mais com descobrir a motivação, a justificação interna de tal elemento numa obra, do que com notar sua recorrência em outra parte. Assim, Tinianov escreve: "Recuso categoricamente o método de comparação por citações, que nos faz acreditar em uma *tradição* passando de um escritor a outro. Segundo esse método, os termos constitutivos são abstratos de suas funções, e finalmente confrontam-se unidades incomensuráveis. A coincidência, as convergências existem sem dúvida em literatura, mas elas concernem às funções dos elementos, às relações funcionais de um elemento determinado" (*Rússkaia proza*, pp. 10-11). É evidente, com efeito, que as semelhanças estruturais devem ser procuradas no nível das funções; entretanto, em literatura, a ligação entre forma e função não é ocasional, nem arbitrária, já que a forma é igualmente significativa – num outro sistema, o da língua. Por conseguinte, o estudo das formas permite penetrar nas relações funcionais.

Ao mesmo tempo, o estudo das obras isoladas, consideradas como sistemas fechados, não é suficiente. As mudanças que o código literário sofre, de uma obra para outra, não significam que todo texto literário tenha seu código próprio. É preciso evitar duas posições extremas: acreditar que existe um código comum a toda literatura, afirmar que cada obra engendra um código diferente. A descrição exaustiva de um fenômeno, sem recorrer ao sistema geral que o integra, é impossível. A linguística contemporânea sabe bem disso: "É tão contraditório descrever sistemas isolados sem fazer sua taxinomia quanto construir uma taxinomia na ausência de descrições de fenômenos particulares: as duas tarefas implicam-se mutuamente" (Jakobson, 1963, p. 70). Somente a inclusão do sistema das relações internas que caracterizam uma obra no sistema mais geral, do gênero ou da época, no quadro de uma literatura nacional, permite estabelecer os diferentes níveis de abstração desse código (os diferentes níveis de "forma" e "substância" segundo a terminologia hjelmsleviana). Muitas vezes, seu deciframento depende diretamente de fatores externos: assim, as novelas "sem conclusão" de Maupassant só tomam sentido no quadro da literatura da época (cf. Chklóvski, 1929, p. 72). Tal confronto permite igualmente descrever melhor o funcionamento do código em suas diferentes manifestações. Mesmo assim, a descrição precisa de uma obra particular é uma premissa indispensável. Como notou Vinogradov: "Conhecer o estilo individual do escritor, independentemente de toda tradição, isoladamente, e na sua totalidade, enquanto sistema de meios linguísticos, cuja organização estética é preciso definir – deve preceder toda procura histórica (e comparativa)" (1923, p. 286).

A experiência das classificações tentadas em linguística e em história literária leva a colocar alguns princípios de base. Primeiramente, a classificação deve ser tipológica e não genética, as semelhanças estruturais não devem ser procuradas na influência direta de uma obra sobre outra. Esse princípio, diga-se de passagem, foi discutido por Vinogradov em seu artigo "Sobre os ciclos literários" (1929). É preciso, em seguida, levar em conta o caráter estratificado da obra literária. O principal defeito das tipologias propostas em história literária, sob a influência da história da arte, é que, apesar de construídas a partir de um único e mesmo plano, são aplicadas a obras e até mesmo a períodos inteiros. Ao contrário, a tipologia linguística confronta os sistemas fonológico, morfológico ou sintático, sem que as diferentes abordagens coincidam necessariamente. A classificação deve pois seguir a estratificação do sistema em planos e não em níveis (obras)[3]. Enfim, a estrutura pode estar manifesta tanto nas relações entre as personagens, quanto nos diferentes estilos de narrativa, ou no

---

3. As exceções aparentes, como a de Petersen, que propõe dez oposições binárias sobre sete estratos sobrepostos, perdem seu valor por causa do caráter "mentalista" dessas oposições – por exemplo, objetivo-subjetivo, claro-nebuloso, plástico-musical etc. (N. do A.)

ritmo... É assim que em *O Capote* de Gógol, a oposição é realizada pelo jogo de dois pontos de vista diferentes, adotados sucessivamente pelo autor, e que se refletem nas diferenças léxicas, sintáticas etc. (Eichenbaum, pp. 149-165). O estado atual dos estudos linguísticos sobre a classificação (cf. o artigo de Benveniste, "A classificação das línguas") traz um grande número de sugestões acerca desse procedimento de comparação e de generalização.

Consideremos agora a tipologia das formas narrativas simples, tal como foi esboçada por Chklóvski (1929) e, em parte, por Eichenbaum. Essas formas estão representadas sobretudo na novela[4]; o romance apenas se distingue por sua maior complexidade. Entretanto, as dimensões do romance (seu aspecto sintagmático) estão em relação com os processos que ele utiliza (seu aspecto paradigmático). Eichenbaum observa que o desenrolar do romance e o da novela seguem leis diferentes. "O fim do romance é um ponto de enfraquecimento e não de reforço; o ponto culminante do movimento fundamental deve estar em algum lugar antes do fim... Eis por que é natural que os fins inesperados sejam fenômeno muito raro no romance... enquanto a novela tende precisamente para um inesperado máximo, que concentra em torno de si tudo o que o precede. O romance exige certa queda depois do ponto culminante, enquanto, na novela, é mais natural que se pare, uma vez atingido o ponto culminante" (pp. 171-172). Essas considerações só concernem, evidentemente, à "trama"[5], a sequência episódica tal qual ela

---

4. Existe certa flutuação no emprego da palavra "novela", em português. No presente texto se separa de um lado o romance, de outro a novela. A novela, em termos quantitativos, seria uma narrativa curta (que pode ter, como se verá em seguida, uma forma aberta ou fechada). Por outro lado a palavra "conto", quando utilizada pelos formalistas (Propp) ou Todorov, designa em geral o conto popular, folclórico. (N. da T.)
5. Os formalistas distinguiam a "fábula" (em francês *fable*) da "trama" (em francês *sujet*). "A fábula designa a matéria básica da estória, a soma de eventos narrados numa obra de ficção, ou seja, o material para a construção da narrativa. Conversamente, trama (em inglês *plot*) designa a estória tal como é contada ou o modo como os eventos estão ligados uns aos outros. A fim de se transformar em parte da estrutura estética, a matéria bruta da fábula tem de ser elaborada em trama" (V. Erlich, p. 209).

é apresentada na obra. Chklóvski supõe que toda trama corresponde a certas condições gerais, fora das quais uma narrativa não tem trama propriamente dita. "Uma imagem, um paralelo, até mesmo uma simples descrição do acontecimento não dão ainda a impressão de uma novela" (p. 68). "Se não há desenlace, não temos a sensação de uma trama" (p. 71). Para construir uma trama, é preciso que o final apresente os mesmos termos do começo, se bem que numa relação modificada. Todas essas análises, que visam descobrir a relação estrutural, dizem respeito unicamente, não o esqueçamos, ao modelo construído e não à narrativa como tal. As observações de Chklóvski sobre as diferentes maneiras de construir a trama de uma novela levam a distinguir duas formas que, de fato, coexistem na maior parte das narrativas: a construção em patamares e a construção em círculo. A construção em patamares é uma forma aberta ($A_1 + A_2 + A_3 + \ldots A_n$), onde os termos enumerados apresentam sempre um traço comum; assim, as empresas análogas de três irmãos nos contos, ou a sucessão de aventuras de uma mesma personagem. A construção em círculo é uma forma fechada ($A_1 R_1 A_2$) ... ($A_1 R_2 A_2$)[6], que repousa sobre uma oposição. Por exemplo: a narrativa começa por uma predição, que no fim se realiza, apesar dos esforços das personagens. Ou então: o pai aspira ao amor de sua filha, mas só o percebe no final da narrativa, Essas duas formas se encaixam uma na outra segundo várias combinações: geralmente, a novela inteira apresenta uma forma fechada, de onde a sensação de acabamento que ela suscita nos leitores. A forma aberta se realiza segundo dois tipos principais, um dos quais se encontra em estado puro nas novelas e romances de mistério (Dickens), nos romances policiais. O outro consiste no desenvolvimento de um paralelismo como, por exemplo, em Tolstói. A narrativa de mistério e a narrativa de desenvolvimentos paralelos são, em certo sentido, opostas, embora possam coexistir na mesma obra. A primeira desmascara as semelhanças

---

A palavra *sujet* poderia ser também traduzida por "enredo" ou "intriga". Preferi a palavra "trama", que conota a ideia de elaboração. (N. da T.)
6. $A_1, A_2 \ldots$ designam as unidades paradigmáticas, $R_1 R_2 \ldots$ as relações entre elas. (N. do A.)

ilusórias, mostra a diferença entre dois fenômenos aparentemente semelhantes. A segunda, ao contrário, descobre a semelhança entre dois fenômenos diferentes e, à primeira vista, independentes. Essa esquematização empobrece, sem dúvida, as finas observações de Chklóvski, que nunca teve a preocupação nem de sistematizar, nem de evitar as contradições. O material que ele reúne para apoiar suas teses é considerável, colhido tanto na literatura clássica quanto na literatura moderna: entretanto, o nível de abstração é tal que é difícil ficar convencido. Tal trabalho deveria ser empreendido, pelo menos no começo, nos limites de uma única literatura nacional e de determinado período. Ainda aqui o campo de investigação permanece virgem.

Um problema que sempre preocupou os teóricos da literatura é o das relações entre a realidade literária e a realidade à qual se refere a literatura. Os formalistas fizeram um esforço considerável para o elucidar. Esse problema, que se coloca em todos os domínios do conhecimento, é fundamental para o estudo semiológico, porque põe em primeiro plano as questões de sentido. Lembremos sua formulação em linguística, onde constitui o próprio objeto da semântica. Segundo a definição de Peirce, o sentido de um símbolo é sua tradução em outros símbolos. Essa tradução pode operar-se em três níveis diferentes. Pode permanecer *intralingual*, quando o sentido de um termo é formulado com a ajuda de outros termos da mesma língua; nesse caso, é preciso estudar o eixo das substituições de uma língua (cf. a esse respeito as reflexões de Jakobson, 1963, pp. 41-42, 78-79). Ela pode ser *interlingual*; Hjelmslev dá exemplos disso quando compara os termos que designam os sistemas de parentesco ou de cores nas diferentes línguas. Enfim, ela pode ser *intersemiótica*, quando a operação linguística é comparada à operação realizada por um dos outros sistemas de signos (no sentido largo do termo). "A descrição semântica deve pois consistir, antes de tudo, em aproximar a língua das outras instituições sociais, e garantir o contato entre a linguística e os outros ramos da antropologia social" (Hjelmslev, p. 109). Nenhum desses três níveis faz intervirem as "coisas" designadas. Para tomar um exemplo, a significação linguística da palavra "amarelo" não é estabelecida com referência aos objetos amarelos, mas por oposição às palavras "vermelho", "verde", "branco" etc, no sistema linguístico português; ou então com referência às palavras "jaune", "yellow", "gelb" etc, ou então com referência à escala dos comprimentos de ondas da luz, estabelecida pela física e que representa, também, um sistema de signos convencionais.

A sintaxe, segundo a definição dos lógicos, deveria tratar das relações entre os signos. Na realidade, ela limitou seu domínio ao eixo sintagmático (eixo dos encadeamentos) da língua. A semântica estuda as relações entre a língua e os sistemas de signos não linguísticos. O estudo da paradigmática, ou do eixo das substituições, foi negligenciado. Por outro lado, a existência de signos cuja principal função é sintática vem obscurecer o problema. Na língua articulada, eles servem unicamente para estabelecer relações entre outros signos, por exemplo, certas preposições, os pronomes possessivos, relativos, a cópula[7]. Evidentemente, eles existem também em literatura; asseguram o acordo, a ligação, entre os diferentes episódios ou fragmentos. Essa distinção de ordem lógica não deve ser confundida com a distinção linguística entre significação gramatical e significação léxica, entre forma e substância do conteúdo, embora coincidam frequentemente. Na língua, por exemplo, a flexão de número depende muitas vezes da "significação gramatical", mas sua função é semântica. Assim, em literatura, os signos de função sintática não dependem necessariamente das regras de composição, que correspondem à gramática (à forma do conteúdo) de uma língua articulada. A exposição de uma narrativa não se encontra forçosamente no começo, nem o desenlace no fim.

As diferenças entre relações e funções são bastante complexas. Os formalistas observam-nas sobretudo nas transições, onde seu papel aparece mais claramente. Para eles, um dos fatores principais da evolução literária reside no fato de certos processos ou certas situações aparecerem automaticamente e perderem então seu papel "semântico" para representar apenas

---

7. Seguimos a distinção formulada por E. Benveniste em seu curso no Collège de France, 1963-1964. (N. do A.)

um papel de ligação. Numa substituição – fenômeno frequente no folclore – o novo signo pode representar o mesmo papel sintático, sem ter mais a menor relação com a "verossimilhança" da narrativa; assim se explica a presença, nas canções populares, por exemplo, de certos elementos cujo "sentido" é inexplicável. Inversamente, os elementos de função dominante semântica podem ser modificados sem que mudem os signos sintáticos da narrativa. Skaftimov, que se preocupou com esse problema em seu estudo sobre as bilinas (canções épicas russas), dá exemplos convincentes: "Mesmo nos pontos onde, em razão das mudanças sobrevindas nas outras partes da canção épica, o disfarce não é absolutamente necessário e até contradiz a situação criada, ele é conservado apesar de todos os inconvenientes e absurdos que engendra" (p. 77).

O problema que reteve, acima de tudo, a atenção dos formalistas concerne à relação entre os constrangimentos impostos à narrativa por suas necessidades internas (paradigmáticas) e os que decorrem do acordo exigido com aquilo que os outros sistemas de signos nos revelam sobre o mesmo assunto. A presença de tal ou tal elemento na obra se justifica pelo que eles chamam sua "motivação". Tomachévski (1925) distingue três tipos de motivação: *composicional*, que corresponde aos signos essencialmente sintáticos; *realista*, que diz respeito às relações com as outras linguagens; *estética*, enfim, que torna manifesto o fato de pertencerem todos os elementos ao mesmo sistema paradigmático. As duas primeiras motivações são geralmente incompatíveis, enquanto a terceira concerne a todos os signos da obra. A relação entre as duas últimas é ainda mais interessante, porque suas exigências não estão no mesmo nível e não se contradizem. Skaftimov propõe que se caracterize esse fenômeno da seguinte maneira: "Mesmo no caso de uma orientação direta em direção à realidade, o domínio da realidade encarada, mesmo quando se limita a um só fato, possui uma moldura e um núcleo do qual ele recebe sua organização. A realidade efetiva é dada em suas grandes linhas, o acontecimento se inscreve unicamente na trama do esboço principal e somente na medida em que ele é necessário à reprodução da situação psicológica fundamental.

Embora a realidade efetiva seja retransmitida com uma aproximação sumária, é ela que representa o objeto imediato e direto do interesse estético, isto é, da expressão, da reprodução e da interpretação; e a consciência do cantor lhe é subordinada. As substituições concretas, no campo da narrativa, não lhe são indiferentes, pois elas são regidas não somente pela expressividade emotiva geral, mas também pelas exigências do objeto da canção, isto é, por critérios de reprodução e semelhança" (p. 101). Tomachévski vê as relações entre as duas motivações numa perspectiva estatística, e nisso ele está próximo da teoria da informação. "Nós exigimos de cada obra uma *ilusão* elementar... Nesse sentido, cada motivo deve ser introduzido como um motivo *provável* para aquela situação. Mas já que as leis de composição do enredo nada tem a ver com a probabilidade, cada introdução de motivos é um compromisso entre essa probabilidade objetiva e a tradição literária" (1925, p. 149).

Os formalistas procuraram essencialmente analisar a motivação estética, sem ignorar entretanto a motivação "realista". O estudo da primeira é mais justificado por não termos geralmente nenhum meio de estabelecer a segunda. Nosso procedimento habitual, que restabelece a realidade a partir da obra e tenta uma explicação da obra pela realidade restituída, constitui, com efeito, um círculo vicioso. A visão literária pode, é verdade, comparar-se às vezes a outras visões fornecidas quer pelo próprio autor, quer por outros documentos concernentes à mesma época e às mesmas personagens, quando se trata de personagens históricas. É o caso das canções épicas russas, que refletem uma realidade histórica conhecida alhures; as personagens são frequentemente príncipes ou senhores russos. Estudando essas relações, Skaftimov escreve: "O fim trágico da canção épica é sem dúvida sugerido por sua fonte histórica ou legendária, mas a motivação da desgraça de Sukhomanti... não se justifica por nenhuma realidade histórica. E também nenhuma tendência moral está em jogo. Resta unicamente a orientação estética, só ela dá sentido à origem desse quadro e o justifica" (p. 108). Comparando as diferentes personagens das canções e as personagens reais, Skaftimov chega à seguinte conclusão:

"O grau de realismo dos diferentes elementos da canção épica varia segundo sua importância na organização geral do conjunto... A relação entre as personagens da canção épica e seus protótipos históricos é determinada por sua função na concepção geral da narrativa" (p. 127).

Enquanto os linguistas utilizam cada vez mais os processos matemáticos, é preciso lembrar que os formalistas foram os primeiros a tentar fazê-lo: Tomachévski aplicou a teoria das cadeias de Markov ao estudo da prosódia. Esse esforço merece nossa atenção agora que as matemáticas "qualitativas" conhecem larga extensão em linguística. Tomachévski deixou não só um estudo precioso sobre o ritmo de Púchkin, como soube ver também que o ponto de vista quantitativo não devia ser abandonado, quando a natureza dos fatos o justifica, principalmente quando ela depende de leis estatísticas. Respondendo às múltiplas objeções suscitadas por seu estudo, Tomachévski escreve (1929): "Não se deve proibir à ciência a utilização de um método, qualquer que seja... O número, a forma, a curva são símbolos do pensamento tanto quanto as palavras e são compreensíveis unicamente por aqueles que dominam esse sistema de símbolos... O número não decide nada, não interpreta, é apenas uma maneira de estabelecer e de descrever os fatos. Se se tem abusado dos números e gráficos, o método não se tornou por isso vicioso: o culpado é aquele que abusa, não o objeto do abuso" (pp. 275-276). Os abusos são bem mais frequentes que as tentativas bem sucedidas, e Tomachévski não cessa de nos prevenir contra o perigo das simplificações prematuras: "Os cálculos têm frequentemente por objetivo estabelecer um coeficiente suscetível de autorizar imediatamente um julgamento sobre a qualidade do fato submetido à prova... Todos esses coeficientes são dos mais nefastos por causa de uma "estatística" filológica... Não se deve esquecer que, mesmo no caso de um cálculo correto, o número obtido caracteriza unicamente a frequência de aparecimento de um fenômeno, mas não nos esclarece de modo algum sobre sua qualidade" (pp. 35-36).

Tomachévski aplica os processos estatísticos ao estudo do verso de Púchkin. Como ele próprio disse, "toda estatística deve ser precedida de um estudo, que procura a diferenciação real dos fenômenos" (p. 36). Essa pesquisa o leva a distinguir, para abordar o estudo do metro, três diferentes níveis; por um lado, um esquema de caráter obrigatório, mas que não determina as qualidades do verso, por exemplo, o verso iâmbico de cinco medidas; por outro lado o "uso", isto é, o verso particular. Entre os dois se situa o impulso rítmico, ou norma (o "modelo de execução", na terminologia de Jakobson, 1963, p. 232). Essa norma pode ser estabelecida por uma obra ou por um autor, sendo o método estatístico aplicado ao conjunto escolhido. Assim, o último tempo forte em Púchkin leva acento em 100% dos casos, o primeiro em 85%, o penúltimo em 40% etc.

Vemos, ainda uma vez, as noções da análise literária aproximarem-se das da linguística. Lembremos com efeito que para Hjelmslev, que estabelece uma distinção entre uso, norma e esquema na linguagem, "a norma é apenas uma abstração tirada do uso por um artifício de método. No máximo pode constituir um corolário conveniente para se poderem colocar as bases da descrição do uso" (p. 80). O estudo da norma se reduz, para Tomachévski, "à observação das variantes típicas nos limites das obras unidas pela identidade de forma rítmica (por exemplo: o troqueu de Púchkin em seus contos dos anos 30); ao estabelecimento do grau de frequência; à observação dos desvios do tipo; à observação do sistema de organização dos diferentes aspectos sonoros do fenômeno estudado (os pretensos traços secundários do verso)[8]; à definição das funções construtivas desses desvios (as figuras rítmicas) e à interpretação das observações" (p. 58). Esse vasto programa é ilustrado por análises exaustivas do iambo de quatro e cinco medidas em Púchkin, confrontado ao mesmo tempo com as normas de outros poetas e de outras obras do mesmo autor.

Esse método aplica-se melhor ainda nos domínios onde o quadro obrigatório não é definido com precisão. É o caso do verso livre, e sobretudo da prosa, onde nenhum esquema existe. Assim, para o verso livre, "que é construído como uma violação da tradição, é inútil procurar uma lei rigorosa

---

8. Tais como a sonoridade, o léxico, a sintaxe etc. (N. do A.)

que não admita exceções. Só se deve procurar a norma média, e estudar a amplitude dos desvios com relação a ela" (p. 61). Da mesma forma, para a prosa, "a forma média e a amplitude das oscilações são os únicos objetos de investigação... O ritmo da prosa deve, por princípio, ser estudado com a ajuda de um método estatístico" (p. 275).

A conclusão é que não se deve aplicar esses métodos nem ao estudo de um exemplo particular, isto é, à interpretação de uma obra, nem ao estudo das leis e das regularidades que regem as grandes unidades do sistema literário. Podemos deduzir daí que a distribuição das unidades literárias (do sistema conotativo) não segue nenhuma lei estatística, mas que a distribuição dos elementos linguísticos (do sistema denotativo) no interior dessas unidades, obedece a uma norma de probabilidade. Assim se justificariam os numerosos e brilhantes estudos estilísticos dos formalistas (por exemplo, Skaftimov, Vinogradov, 1929) que observam o acúmulo de certas formas sintáticas ou de diferentes estratos do léxico em torno de unidades paradigmáticas (por exemplo, as personagens) ou sintagmáticas (os episódios) do sistema literário. É evidente que se trata aqui de norma e não de regra obrigatória. As relações dessas grandes unidades permanecem puramente "qualitativas", e são geradoras de uma estrutura cujo estudo é inacessível por métodos estatísticos, o que explica o relativo êxito desses métodos, quando aplicados ao estudo do estilo, isto é, à distribuição de formas linguísticas numa obra. O defeito fundamental desses estudos é ignorar a existência de dois sistemas diferentes de significação (denotativo e conotativo) e tentar a interpretação da obra diretamente a partir do sistema linguístico.

Essa conclusão poderia, sem dúvida, ser estendida a sistemas literários de maiores dimensões. A evolução formal de uma literatura nacional, por exemplo, obedece a leis não mecânicas. Ela passa, segundo Tinianov (1929), pelas seguintes etapas: "1º) o princípio de construção automatizada evoca dialeticamente o princípio de construção oposto; 2º) este encontra sua aplicação na forma mais fácil; 3º) ele se estende à maior parte dos fenômenos; 4º) ele se automatiza e evoca por sua vez princípios de construção opostos" (p.

17). Essas etapas nunca poderão ser delimitadas e definidas senão em termos de acúmulo estatístico, o que corresponde às exigências gerais da epistemologia, a qual nos ensina que só os estados temporários dos fenômenos obedecem às leis probabilistas. Dessa maneira será fundada, melhor do que foi até agora, a aplicação de certos processos matemáticos aos estudos literários.

Obras Citadas[9]

BENVENISTE (E.), 1954: "La classification des langues", *Conférences de l'Institut de Linguistique de l'Université de Paris*, XI (1952-1953), Paris.
BERNSTEIN (S.), 1927: "Stikh i deklamátzia" (Verso e declamação), *Rússkaia retch*, Nóvaia siéria, I, Leningrado.
BOGATIRIÓV (P.) e JAKOBSON (R.), 1929: "Die Folklore ais eine besondere Form des Schaffens", *Donum Natalicium Schrijnen*, Chartres.
BRIK (O.), 1919: "Zukovíe povtóri" (As repetições sonoras), *Poétika*, Sbórniki po teórii poetítcheskovo iaziká, Petrogrado.
CHKLÓVSKI (V.), 1926: *Trétia fábrika* (A terceira fábrica), Moscou.
— 1929: *O teórii prózi* (Sobre a teoria da prosa), Moscou, (1ª edição: 1925).
— 1959: *Khudójestvennaia proza* (A prosa literária), Moscou.
EICHENBAUM (B.), 1927: *Literatura. Teoria, krítika, polémika* (Literatura. Teoria, crítica, polêmica), Leningrado.
ERLICH (V.), 1955: *Russian Formalism*, History-Doctrine, 's' Gravenhage.
HJELMSLEV (L.), 1959: *Essais linguistiques*, Copenhague.
HOCKETT (Ch.), 1958: ,4 *Course in Modern Linguistics*, New York.
IAKUBÍNSKI (L.), 1916: "O zvukakh stikhotvórnovo iaziká" (Sobre os sons da língua poética), *Sbórniki po teórii poetítcheskovo iaziká*, I, Petrogrado.
JAKOBSON (R.), 1921: *Novéichaia rússkaia poézia* (A poesia russa moderna), Praga.
— 1923: *O Tchechskom stikhé* (Sobre o verso tcheco), Berlim.
— 1963: *Essais de linguistique générale*, Paris.
LÉVI-STRAUSS (CL), 1960: "La structure et la forme", *Cahiers de l'I.S. E. A.*, 99.

9. O leitor poderá encontrar a maior parte dos textos citados na coletânea *Théorie de la littérature. Textes des formalistes russes* (Seuil, 1965) (N. do A.)

MUKAROVSKY (L), 1938: "La dénomination poétique et la fonction esthétique de la langue", *Actes du quatrième congrès International des linguistes*, Copenhague.

PETERSEN (L), 1939: *Die Wissenschaft von der Dichtung*, Bd. I, Berlim.

PROPP (V.), 1928a: *Morfológuia skázki* (A morfologia do conto), Leningrado (= *Morphology of the Folktale*, Bloomington, 1958).

– 1929b: "Transformátzii volchébnikh skazok" (Transformações do conto fantástico), *Poétika. Vrémennik otdela slovésnikh iskusstv*, IV, Leningrado.

Rússkaia proza, 1926 (A prosa russa), Leningrado.

SKAFTIMOV (A.), 1924: *Poétika i guénezis bilin* (Poética e gênese das canções épicas russas), Moscou-Saratov.

TINIANOV (L), 1924: *Problema stikhotvórnovo iaziká* (O problema da língua poética), Leningrado.

– 1929: *Arkhaísti i novátori* (Arcaizantes e inovadores), Leningrado.

TOMACHÉVSKI (B.), 1925: *Teoria literatúri* (Teoria da literatura), Leningrado.

VINOGRADOV (V.), 1923: "O zadátchakh stilístiki" (Sobre os problemas estilísticos), *Rússkaia retch*, I, Petrogrado.

– 1929: *Evoliútzia rússkovo naturalismo* (Evolução donaturalismo russo), Leningrado.

2. LINGUAGEM E LITERATURA

Meu propósito pode ser resumido por esta frase de Valéry, frase que tentarei ao mesmo tempo explicitar e ilustrar: "A Literatura é, e não pode ser outra coisa, senão uma espécie de extensão e de aplicação de certas propriedades da Linguagem".

O que é que nos permite afirmar a existência dessa ligação? O próprio fato de ser a obra literária uma "obra de arte verbal" levou, desde há muito, os pesquisadores, a falar do "grande papel" da linguagem numa obra literária; uma disciplina inteira, a estilística, criou-se nos confins dos estudos literários e da linguística; múltiplas teses foram escritas sobre a "língua" de tal ou tal escritor. A linguagem é aí definida como a matéria do poeta ou da obra.

Essa aproximação, por demais evidente, está longe de esgotar a multiplicidade das relações entre a linguagem e a literatura. Não se trata da linguagem enquanto matéria, na frase de Valéry, mas enquanto modelo. A linguagem preenche essa função em muitos casos exteriores à literatura. O homem se constituiu a partir da linguagem – os filósofos de nosso século no-lo têm repetido com frequência – e seu modelo pode ser reencontrado em toda atividade social. Ou, para retomar as palavras de Benveniste, "a configuração da linguagem determina todos os sistemas semióticos". Sendo a arte um desses sistemas semióticos, podemos estar certos de nela descobrir a marca das formas abstratas da linguagem.

A literatura goza, como se vê, de um estatuto particularmente privilegiado no seio das atividades semióticas. Ela tem a linguagem ao mesmo tempo como ponto de partida e como ponto de chegada; ela lhe fornece tanto sua configuração abstrata quanto sua matéria perceptível, é ao mesmo tempo mediadora e mediatizada. A literatura se revela portanto não só como o primeiro campo que se pode estudar a partir da linguagem, mas também como o primeiro cujo conhecimento possa lançar uma nova luz sobre as propriedades da própria linguagem.

Essa posição particular da literatura determina nossa relação com a linguística. É evidente que, tratando da linguagem, não temos o direito de ignorar o saber acumulado por essa ciência, assim como também por qualquer outra investigação sobre a linguagem. Entretanto, como toda ciência, a linguística procede frequentemente por redução e por simplificação de seu objeto, a fim de o manejar mais facilmente. Ela afasta ou ignora provisoriamente certos traços da linguagem, a fim de estabelecer a homogeneidade dos outros e deixar transparecer sua lógica. Procedimento sem dúvida justificado na evolução interna dessa ciência, mas do qual devem desconfiar aqueles que extrapolam seus resultados e seus métodos: os traços menosprezados são talvez precisamente aqueles que têm a maior importância num outro "sistema semiótico". A unidade das ciências humanas reside menos nos métodos elaborados na linguística e utilizados alhures, que nesse objeto comum a todas elas: a linguagem. A imagem que dela temos hoje, e que é derivada de certos estudos dos linguistas, enriquecer-se-á com os ensinamentos tirados das outras ciências.

Se se adotar essa perspectiva, torna-se evidente que todo conhecimento da literatura seguirá uma via paralela à do conhecimento da linguagem; mais ainda, essas duas vias tenderão a confundir-se. Um campo imenso se abre à investigação; somente uma parte relativamente reduzida foi explorada até agora, nos trabalhos cujo brilhante pioneiro é Roman Jakobson. Esses estudos se realizaram na poesia e se esforçaram por demonstrar a existência de uma estrutura formada pela distribuição dos elementos linguísticos no interior do poema. Proponho-me indicar aqui, ao tratar agora da prosa literária, alguns pontos em que a aproximação entre linguagem e literatura parece particularmente fácil. Não é preciso dizer que, em razão do estado atual de nossos conhecimentos nesse domínio, limitar-me-ei a considerações de ordem geral, sem ter a menor pretensão de esgotar o assunto.

A bem dizer, os estudos sobre a prosa já tentaram certa vez operar essa aproximação e dela tirar proveito. Os formalistas russos, que foram pioneiros em mais de um campo, já tinham procurado explorar essa analogia. Situavam-na, mais precisamente, entre os processos de estilo e os processos de organização da narrativa; um dos primeiros artigos de Chklóvski chamava-se mesmo: "A relação entre os processos de composição e os processos estilísticos gerais". Esse autor aí notava que "a construção em patamares pertence à mesma série que as repetições de sons, a tautologia, o paralelismo tautológico, as repetições" (*Théorie de la literature*, Paris, Ed. du Seuil, 1965, p. 48). Os três golpes desferidos por Rolando sobre a pedra eram para ele da mesma natureza que as repetições ternárias lexicais na poesia folclórica.

Não quero fazer aqui um estudo histórico e contentar-me-ei com lembrar brevemente alguns outros resultados dos estudos dos formalistas, dando-lhes a forma que nos pode ser útil aqui. Em seus estudos sobre a tipologia da narrativa, Chklóvski chegara a distinguir dois grandes tipos de combinação entre as histórias: havia, de um lado, uma forma aberta, onde se podia sempre acrescentar novas peripécias, no fim, por exemplo, as aventuras de um herói qualquer, como Rocambole; de outro lado, uma forma fechada, que começava e terminava pelo mesmo motivo, enquanto no interior nos eram contadas outras histórias, por exemplo, a história de Édipo: no começo uma predição, no fim sua realização, entre as duas, as tentativas de evitá-lo. Chklóvski não percebera porém que essas duas formas representam a projeção rigorosa de duas figuras sintáticas fundamentais, servindo à combinação de duas orações entre si, a coordenação e a subordinação. Notemos que, em linguística, chama-se hoje essa segunda operação por um nome tomado à antiga poética: encaixe.

Na passagem acima citada, falava-se de *paralelismo*; esse processo é apenas um dos que Chklóvski revelou. Analisando *Guerra e Paz*, ele revela, por exemplo, a *antítese* formada por duplas de personagens: "1. Napoleão – Kutuzov; 2. Pierre Bezukhov – André Bolkonski e ao mesmo tempo Nicolau Rostóv, que serve de eixo de referência a um e a outro" (*ibid.*, p. 187). Encontra-se igualmente a *gradação*: vários membros de uma família apresentam os mesmos traços de caráter, mas em graus diferentes. Assim, em *Ana Karenina*, "Stiva se situa num patamar inferior ao de sua irmã" (*ibid.*, p. 188).

Mas o paralelismo, a antítese, a gradação, a repetição são figuras retóricas. Podemos assim formular a tese subjacente às observações de Chklóvski: existem figuras da narrativa que são projeções das figuras retóricas. A partir dessa suposição, poderíamos verificar quais são as formas tomadas por outras figuras de retórica, menos comuns, no nível da narrativa.

Tomemos, por exemplo, a associação, figura que se relaciona com o emprego de uma pessoa inadequada ao verbo. Eis um exemplo linguístico: esta frase que um professor poderia dirigir a seus alunos: "Que temos para hoje?". Todos se lembram, por certo, da demonstração sobre os empregos dessa figura em literatura, dada por Michel Butor a propósito de Descartes. Todos se lembram também do emprego que ele mesmo faz desse processo em seu livro *La Modification*.

Eis outra figura que poderíamos considerar como uma definição do romance policial, se não a tomássemos de empréstimo à retórica de Fontanier, escrita no começo do século dezenove. É a *sustentação*, que "consiste em manter o leitor ou o ouvinte em suspense, e a surpreendê-lo em seguida por algo que ele estava longe de esperar". A figura pode, pois, transformar-se em gênero literário.

M. Bakhtin, grande crítico literário soviético, demonstrou a utilização particular feita por Dostoiévski de outra figura, a *ocupação*, assim definida por Fontanier: "ela consiste em prevenir ou rejeitar de antemão uma objeção que se poderia receber". Toda palavra das personagens de Dostoiévski engloba, implicitamente, a de seu interlocutor, imaginário ou real. O monólogo é sempre um diálogo dissimulado, o que determina, precisamente, a profunda ambiguidade das personagens dostoievskianas.

Lembrarei, por último, algumas figuras fundadas sobre uma das propriedades essenciais da língua: a ausência de relação biunívoca entre os sons e os sentidos, que ocasiona dois fenômenos linguísticos bem conhecidos, a sinonímia e a polissemia. A sinonímia, base dos trocadilhos no uso linguístico, toma a forma de um processo literário que chamamos de "reconhecimento". O fato de que a mesma personagem possa ter duas aparências, isto é, a existência de duas formas para o mesmo conteúdo, assemelha-se ao fenômeno que resulta da aproximação de dois sinônimos.

A polissemia ocasiona várias figuras retóricas, das quais só reterei uma: a silepse. Um exemplo notório de silepse está contido neste verso de Racine: "Je souffre... brûlé de plus de feux que je n'en allumai"[1]. De onde vem a figura? Do fato de que a palavra *feux*, que faz parte de cada oração, está tomada, aqui e ali, em dois sentidos diferentes. Os fogos da primeira oração são imaginários, queimam a alma da personagem, enquanto os fogos da segunda correspondem a incêndios bem reais.

Essa figura conheceu larga extensão na narrativa; podemos observá-la, por exemplo, numa novela de Boccacio. Um monge tinha ido à casa de sua amante, mulher de um burguês da cidade. Subitamente, o marido volta à casa: que fazer? O monge e a mulher, que se tinham fechado no quarto do bebê, fingem estar cuidando dele que, segundo dizem, está doente. O marido, reconfortado, agradece-lhes calorosamente. O movimento da narrativa segue, como se vê, exatamente a mesma forma da silepse. Um mesmo fato, o monge e a mu-

---

1. "Sofro... queimado por mais fogos do que os que acendi". (N. da T.)

lher no quarto de dormir, recebe uma interpretação na parte da narrativa que o precede e outra na que o segue; segundo a parte precedente, é um encontro amoroso; segundo a outra, tratavam de uma criança doente. Essa figura é bastante frequente em Boccacio: pensemos nas histórias do rouxinol, do tonel etc.

Até aqui nossa comparação, seguindo o procedimento dos formalistas, de onde partimos, justapunha manifestações da linguagem a manifestações literárias; por outras palavras, apenas observávamos formas. Eu gostaria de esboçar aqui outra perspectiva, que interrogaria as categorias subjacentes a esses dois universos, o universo da palavra e o universo da literatura. Para tanto, é preciso deixar o nível das formas e remontar ao das estruturas. Por isso mesmo, afastar-nos--emos da literatura para aproximar-nos daquele discurso sobre a literatura que é a crítica.

Os problemas de significação puderam ser abordados de modo senão feliz pelo menos prometedor, a partir do momento em que se caracterizou mais precisamente a noção de sentido. A linguística negligenciou durante muito tempo esses problemas, portanto não é nela que vamos encontrar nossas categorias, mas junto aos lógicos. Podemos tomar como ponto de partida a divisão tripartida de Frege: um signo teria uma referência, um sentido e uma representação (*Bedeutung*, *Sinn*, *Vorstellung*). Somente o sentido se deixa apreender com a ajuda dos métodos linguísticos rigorosos, pois é o único a depender exclusivamente da linguagem e a ser controlado pela força do uso, dos hábitos linguísticos. Que é o sentido? Diz-nos Benveniste que é a capacidade que tem uma unidade linguística de integrar uma unidade de nível superior. O sentido de uma palavra é delimitado pelas combinações nas quais ela pode cumprir sua função linguística. O sentido de uma palavra é o conjunto de suas relações possíveis com outras palavras.

Isolar o sentido no conjunto das significações é um procedimento que poderia ajudar enormemente no trabalho da descrição, em estudos literários. No discurso literário, como no discurso cotidiano, o sentido pode ser isolado de um conjunto de outros sentidos aos quais se poderia dar o nome de interpretações. Entretanto, o problema do sentido é aqui mais complexo: enquanto, na palavra, a integração das unidades não ultrapassa o nível da frase, em literatura, as frases se integram de novo em enunciados, e os enunciados, por sua vez, em unidades de dimensões maiores, até a obra inteira. O sentido de um monólogo ou de uma descrição deixa-se apreender e verificar por suas relações com outros elementos da obra: ele pode ser a caracterização de uma personagem, a preparação de uma transformação na intriga, um atraso. Em compensação, as interpretações de cada unidade são inúmeras, pois dependem do sistema no qual ela será incluída para ser compreendida. Segundo o tipo de discurso no qual se projeta o elemento da obra, teremos uma crítica sociológica, psicanalítica ou filosófica. Mas será sempre uma interpretação da literatura num outro tipo de discurso, enquanto a busca do sentido não nos conduz ao exterior do próprio discurso literário. Neste ponto talvez seja preciso estabelecer o limite entre essas duas atividades aparentadas e entretanto distintas que são a poética e a crítica.

Passemos agora a outra dupla de categorias fundamentais. Elas foram formuladas por Emilio Benveniste em duas pesquisas sobre os tempos do verbo. Benveniste mostrou a existência, na linguagem, de dois planos distintos de enunciação: o do discurso e o da história. Esses planos de enunciação se referem à integração do sujeito de enunciação no enunciado. No caso da história, diz-nos ele, "trata-se da apresentação dos fatos advindos a certo momento do tempo, sem qualquer intervenção do locutor na narrativa". O discurso, por contraste, é definido como "toda enunciação supondo um locutor e um ouvinte, tendo o primeiro a intenção de influenciar o outro de algum modo". Cada língua possui determinado número de elementos destinados a nos informar unicamente sobre o ato e o sujeito da enunciação e que realizam a conversão da linguagem em discurso; os outros são destinados unicamente à "apresentação dos fatos advindos".

Será preciso portanto fazer uma primeira repartição na matéria literária segundo o plano de enunciação que nela se manifesta. Tomemos estas frases de Proust: "Ele me prodigou uma amabilidade que era tão superior à de Saint-Loup quanto esta à afabilidade de um pequeno-burguês. Ao lado da de um grande artista, a amabilidade de um grande senhor, por mais encantadora que seja, parece uma representação teatral, uma simulação". Nesse texto, somente a primeira oração (até "amabilidade") pertence ao plano da história. A comparação que segue, assim como a reflexão geral contida na segunda frase, pertencem ao plano do discurso, o que está marcado por indícios linguísticos precisos (p. ex., a mudança de tempo). Mas a primeira oração também está ligada ao discurso, pois o sujeito da enunciação aí está indicado pelo pronome pessoal. Há pois uma verificação de meios para indicar se tal trecho pertence ou não ao discurso: podem ser ou externos (estilo direto ou indireto), ou internos, isto é, o caso em que a palavra não remete a uma realidade exterior. A dosagem dos dois planos de enunciação determina o grau de opacidade da linguagem literária: todo enunciado que pertence ao discurso tem uma autonomia superior, pois toma toda sua significação a partir de si mesmo, sem o intermediário de uma referência imaginária. O fato de Elstir ter prodigalizado sua amabilidade remete a uma representação exterior, a das duas personagens e de um ato; mas a comparação e a reflexão que seguem são representações em si mesmas, só remetem ao sujeito da enunciação e afirmam por isso a presença da própria linguagem.

A interpretação dessas duas categorias é, como se pode ver, vasta, e já põe, em si mesma, múltiplos problemas que ainda não foram tocados. A situação se complica ainda mais se verificamos que esta não é a única maneira sob a qual as categorias tomam corpo em literatura. A possibilidade de considerar cada palavra como, antes de tudo, um depoimento sobre a realidade ou como enunciação subjetiva nos conduz a outra constatação importante. Não são apenas as características dos dois tipos de palavras, são também os dois aspectos complementares de toda palavra, literária ou não. Em todo enunciado, podemos isolar provisoriamente esses dois aspectos: trata-se, por um lado, de um ato da parte do locutor, de um arranjo linguístico; por outro, da evocação de certa realidade; e esta não tem, no caso da literatura, nenhuma outra existência além da conferida pelo próprio enunciado.

Os formalistas russos tinham, ainda aqui, notado a oposição, sem entretanto poder mostrar suas bases linguísticas. Em toda narrativa, eles distinguiam a *fábula*, isto é, a série de acontecimentos representados, tais quais eles se teriam desenrolado na vida, da *trama*, arranjo particular dado a esses acontecimentos pelo autor. As inversões temporais eram seu exemplo favorito: está evidente que a relação de um acontecimento posterior com um anterior trai a intervenção do autor, isto é, do sujeito da enunciação. Verificamos agora que essa oposição não corresponde a uma dicotomia entre o livro e a vida representada, mas a dois aspectos, sempre presentes, de um enunciado, a sua dupla natureza de enunciado e enunciação. Esses dois aspectos dão vida a duas realidades, tão linguística uma quanto outra: a das personagens e a da dupla narrador-leitor.

A distinção entre discurso e história permite assentar melhor outro problema da teoria literária, o das "visões" ou "pontos de vista". De fato, trata-se aí das transformações que a noção de pessoa sofre na narrativa literária. Esse problema outrora levantado por Henry James foi tratado muitas vezes desde então; em França, principalmente, por Jean Pouillon, Claude-Edmonde Magny, Roger Blin. Esses estudos, que não levavam em conta a natureza linguística do fenômeno, não conseguiram explicitar inteiramente sua natureza, embora tenham descrito seus aspectos mais importantes.

A narrativa literária, que é uma palavra mediatizada e não imediata e que sofre além disso os constrangimentos da ficção, só conhece uma categoria "pessoal" que é a terceira pessoa, isto é, a impessoalidade. O que diz *eu* no romance não é o *eu* do discurso, por outras palavras, o sujeito da enunciação; é apenas uma personagem e o estatuto de suas palavras (o estilo direto) lhe dá o máximo de objetividade, ao invés de aproximá-la do verdadeiro sujeito da enunciação. Mas existe um outro *eu*, um *eu* invisível a maior parte do tempo, que se refere ao narrador, essa "personalidade poética" que apreendemos através do discurso. Existe pois uma dialética da pessoalidade e da impessoalidade entre o *eu* do narrador (implícito) e o *ele* da personagem (que pode ser um *eu* explícito), entre o discurso e a história. Todo o problema das "visões" está aqui: no grau de transparência dos *eles* impessoais da história com relação ao *eu* do discursa

É fácil ver, nessa perspectiva, qual a classificação das visões que podemos adotar: ela corresponde, mais ou menos, à que Jean Pouillon tinha proposto em seu livro *Temps et roman*: ou o *eu* do narrador aparece constantemente através do *ele* do herói, como no caso da narrativa clássica, com um narrador onisciente; é o discurso que suplanta a história;

ou o *eu* do narrador fica inteiramente apagado atrás do *ele* do herói; estamos então diante da famosa "narração objetiva", tipo de narrativa praticada sobretudo pelos autores americanos de entre as duas guerras: nesse caso, o narrador ignora tudo de sua personagem e vê simplesmente seus movimentos, seus gestos, ouve suas palavras; é pois a história que suplanta o discurso;

ou enfim o *eu* do narrador está em igualdade com o *ele* do herói, ambos são informados do mesmo modo sobre o desenvolvimento da ação; é o tipo de narrativa que, aparecida no século XVIII, domina atualmente a produção literária; o narrador se apega a uma das personagens e observa tudo através de seus olhos; chega-se aí, precisamente nesse tipo de narrativa, à fusão do *eu* e do *ele* em um *eu* que conta, o que torna a presença do verdadeiro *eu*, o do narrador, ainda mais difícil de apreender.

Essa é apenas uma primeira repartição sumária; toda narrativa combina várias visões ao mesmo tempo; existem, por outro lado, múltiplas formas intermediárias. A personagem pode trapacear consigo mesma ao contar, como pode confessar tudo o que sabe sobre a história; pode analisá-la até os mínimos detalhes ou satisfazer-se com a aparência das coisas; pode apresentar-nos uma dissecção de sua consciência (o "monólogo interior") ou uma palavra articulada; todas essas variedades fazem parte da visão que põe em condição de igualdade narrador e personagem. Análises fundamentadas em categorias linguísticas poderão captar melhor essas nuanças.

Tentei delimitar as manifestações mais evidentes de uma categoria linguística da narrativa literária. Outras categorias esperam sua vez: será preciso, um dia, descobrir o que se tornaram o tempo, a pessoa, o aspecto, a voz em literatura, pois essas categorias aí estarão bem presentes, se a literatura for, como acreditava Valéry, apenas a "extensão e aplicação de certas propriedades da Linguagem".

3. POÉTICA E CRITICA[1]

Eis aqui dois livros cujo confronto promete ser instrutivo. Possuem suficientes traços comuns para que a oposição perfeita formada por seus outros caracteres não seja arbitrária, mas carregada de um sentido que é preciso revelar.

Essa oposição concerne a diferentes aspectos dos dois livros. Primeiramente o tema: *Structure du langage poétique* é um estudo das propriedades comuns a todas as obras literárias; *Figures* é consagrado à descrição dos sistemas poéticos particulares: o de Etienne Binet, o de Proust, o da *Astrée*. O objetivo do primeiro é colocar os fundamentos da poética; o do segundo, reconstituir algumas poéticas. Um visa à poesia, o outro, à obra poética.

A oposição chega até as propriedades formais. A escritura de Cohen é sintética e seu livro quer ser transparente. Os textos de Genette são, pelo contrário, analíticos, descri-

---

[1]. A propósito de dois livros: G. Genette, *Figures*, Paris, Seuil, 1966; J. Cohen, *Structure du langage poétique*, Paris, Flammarion, 1966.

tivos e perfeitamente opacos: não remetem a um sentido independente deles, a forma escolhida é a única possível. Não é por acaso se, à exposição coerente de Cohen, se opõe uma coletânea de artigos cuja unidade é difícil apreender. E mesmo o singular de *Structure* opõe-se significativamente ao plural de *Figures*.

Não teríamos entretanto motivo de nos comprazer em realçar essas oposições, se os dois livros não testemunhassem, ao mesmo tempo, uma unidade igualmente significativa. Digamos que essa unidade reside na abordagem imanente da literatura, praticada tanto por um quanto por outro. A explicação imanente dos fatos é um *slogan* tornado hoje banal; mas, no que concerne à reflexão sobre a literatura, acreditamos estar aqui diante das duas primeiras tentativas sérias de tratar a literatura a partir dela mesma e por ela mesma. Esse princípio seria suficiente para que se operasse uma aproximação entre o método nelas utilizado e uma corrente de ideias atual; mas outra particularidade se acrescenta e reforça a primeira impressão: o objetivo preciso de um e de outro livro é descrever estruturas literárias. A análise estrutural da literatura teria finalmente nascido? Se isto é verdade, como pode ela encarnar-se ao mesmo tempo em dois livros tão diferentes?

Para responder a essas perguntas, podemos partir de um dos artigos de Genette, intitulado precisamente "Structuralisme et critique littéraire". Ao problema colocado por esse título, Genette dá quatro respostas sucessivas: todo crítico é, independentemente de suas intenções, "estruturalista" porque, como um *bricoleur*[2], usa elementos de estruturas existentes (as obras literárias) para com elas forjar novas estruturas (a obra crítica ela mesma); os aspectos da obra que exigem ao mesmo tempo a análise literária e a análise linguística devem ser estudados com a ajuda de métodos elaborados pela linguística estrutural; o estruturalismo é impotente diante da obra particular, sobretudo se o crítico lhe atribui um sentido, o que sempre ocorre quando esta obra está suficientemente

---

2. *Bricoleur* é o que exerce um ofício como amador, com material e ferramentas improvisados. (N. da T.)

próxima de nós; a história literária, em compensação, pode e deve tornar-se estrutural, estudando os gêneros e sua evolução. Para resumir, pode-se dizer que, na concepção de Genette, o campo da literatura deveria estar separado em dois, cada uma das partes prestando-se a um tipo de análise diferente: o estudo da obra particular não pode ser feito com a ajuda de métodos estruturais, mas estes continuam pertinentes no que concerne a outra parte do campo.

Perguntamo-nos se o vocabulário da separação territorial é o mais apropriado para caracterizar essa diferença essencial. Estaríamos antes inclinados a falar de um grau de generalidade. A análise estrutural, não devemos esquecer, foi criada no interior de uma ciência; era destinada a descrever o sistema fonológico de uma língua, não um som, o sistema de parentesco numa sociedade, não um parente. É um método científico e ao aplicá-lo fazemos ciência. Ora, que pode fazer a ciência diante do objeto particular que é um livro? No máximo, pode tentar descrevê-lo; mas a descrição em si mesma não é ciência e só se torna tal a partir do momento em que essa descrição tende a se inscrever numa teoria geral. Assim, a descrição da obra pode estar ligada à ciência (e portanto permitir a aplicação dos métodos estruturais) unicamente com a condição de nos fazer descobrir as propriedades de todo o sistema de expressão literária ou de suas variedades sincrônicas e diacrônicas.

Reconhecemos aqui as direções prescritas por Genette à "crítica estrutural": a descrição das propriedades do discurso literário e a história literária. A obra particular fica fora do objeto dos estruturalistas, menos por causa do investimento de sentido que se produz por ocasião da leitura, do que pela força de seu próprio estatuto de objeto particular. Se a "crítica estruturalista" não existe, desde há muito, senão no optativo, é que essa etiqueta encerra uma contradição nos termos: é a ciência que pode ser estrutural, não a crítica.

A história literária estrutural também não existe, até o instante. Em compensação, o livro de Jean Cohen nos dá uma imagem do que pode ser essa investigação sobre as propriedades do discurso literário, à qual convém melhor, parece-nos, o nome de *poética*. Cohen toma, desde sua "Introdução", um partido deliberado: por um lado, quer emitir hipóteses científicas, verificáveis e refutáveis, sem temer o sacrilégio de falar numa "ciência da poesia"; por outro lado, considera a poesia antes de tudo como uma forma particular da linguagem; eis por que limita seu trabalho ao estudo das "formas poéticas da linguagem e somente da linguagem" (p. 8). O objetivo que ele se propõe é o seguinte: descobrir e descrever as formas da linguagem próprias à poesia, em oposição à prosa; pois "a diferença entre prosa e poesia é de natureza linguística, isto é, formal" (p. 199). Eis que finalmente a poética toma o lugar que lhe convém, ao lado da linguística. Estamos evidentemente longe do crítico cujo objetivo seria caracterizar especificamente *uma* obra: o que interessa a Cohen é uma "invariável que permanece através das variações individuais" e que existe "na linguagem de todos os poetas" (p. 14).

Mas se a "crítica estruturalista" é uma contradição nos termos, onde fica o "estruturalismo" de Genette? Uma leitura atenta nos revelará que as estruturas literárias são realmente o objeto de seu estudo; mas não no mesmo sentido em que Cohen estuda a "estrutura da linguagem poética". A *estrutura* de Cohen é uma relação abstrata que se manifesta na obra particular, sob formas muito variadas. Ela se aparenta à lei, à regra, e se encontra num nível de generalidade diferente daquele das formas pelas quais ela se realiza. Não é o caso das *estruturas* de Genette. Essa palavra deve ser tomada aqui num sentido puramente espacial, como se pode falar, por exemplo, das estruturas gráficas de um quadro. A estrutura é a disposição particular de duas formas, uma com relação à outra. Num de seus textos, "L'or tombe sous le fer", Genette chegou mesmo a desenhar, no sentido próprio da palavra, a estrutura formada pelos "elementos", os metais, as pedras, no universo da poesia barroca. Não se trata aqui de um princípio logicamente anterior às formas, mas do espaço particular que separa e reúne duas ou várias formas.

Somos assim levados ao próprio centro da visão crítica de Genette. Poder-se-ia dizer que o objeto único de suas pesquisas é preencher, compartimento por compartimento, todos os cantos de um largo espaço abstrato; ele se coloca fascinado diante desse quadro imenso onde simetrias dissimuladas esperam, na imobilidade, que uma mão atenta as venha recolher. Evidenciar as estruturas é apenas um meio de aceder a esta imagem que se torna, a cada instante, mais rica, mas cujo desenho de conjunto continua tão hesitante quanto no início.

Vê-se bem que nenhum ponto de doutrina postula a existência obrigatória dessas estruturas na obra literária. Sem o declarar explicitamente, Genette deixa entender que o escritor goza de certa liberdade, que lhe permite submeter ou não o universo de seu livro às leis estruturais. Se bem que as preferências de Genette recaiam precisamente sobre os autores que organizam esse universo segundo um desenho preestabelecido, nada nos diz que outros não tenham escrito ignorando esse modo de pensar. Os autores escolhidos por Genette são "técnicos" – os poetas barrocos, Robbe-Grillet e outros; ao contrário, como se vê, da crítica psicológica, cuja alegria eram os autores "espontâneos" e "inspirados".

Não nos espantaremos mais de ver a metade do livro de Genette consagrada a obras de críticos: ele próprio o explicou, a crítica é um mostruário de estruturas particularmente rico. É este lado da crítica que o atrai, a crítica-objeto, e não a crítica enquanto método. Procuraríamos em vão, nesse livro de crítica, consagrado em grande parte à crítica, dez linhas ao menos sobre o método próprio do autor. Mesmo a respeito dos críticos, Genette se contenta com uma explicação, e não acrescenta a ela a construção de um sistema crítico transcendente: não é Genette sobre Valéry, Genette sobre Borges, que lemos, Valéry e Borges vieram aqui eles próprios para nos apresentar, cada um, um texto-síntese de todos os seus textos. Genette consegue então realizar uma verdadeira proeza: lemos páginas que ao mesmo tempo lhe pertencem e fazem parte da obra de um outro.

Qual é pois esse método fugidio de Genette? Pode-se dizer, em todo caso, que ele não adota aquele princípio do estruturalismo segundo o qual o método deve ser à imagem de seu objeto (se não for o objeto que se torna à imagem do método). O procedimento de Genette aparentar-se-ia mais àquele comentário que desposa as formas do objeto para fazê-las suas, que não abandona a obra senão para a reproduzir alhures.

Voltemos à antítese que nos serviu de ponto de partida. O espaço visado por esses dois procedimentos, contrários e vizinhos, é aquele que separa a poética da crítica: pois a análise de Genette merece mais plenamente o nome de crítica literária. Os dois livros encarnam, de modo exemplar, as duas atitudes essenciais que provoca a leitura: crítica e ciência, crítica e poética. Tentemos agora precisar as possibilidades e os limites de cada uma.

Primeiramente a poética: o que ela estuda não é a poesia ou a literatura mas a "poeticidade" e a "literaridade". A obra particular não é para ela um fim último; se ela se detém nesta obra e não em outra, é porque esta deixa transparecer mais nitidamente as propriedades do discurso literário. A poética estudará não as formas literárias já existentes mas, partindo delas, um conjunto de formas virtuais: o que a literatura *pode* ser mais do que o que ela *é*. A poética é ao mesmo tempo menos e mais exigente que a crítica: não pretende determinar o sentido de uma obra; mas pretende ser ela própria muito mais rigorosa que a meditação crítica.

Os que sustentam a ideia de "analisar a obra pelo que ela é, não pelo que ela exprime" não encontrarão pois o que desejam através da poética. Lamentam-se frequentemente, com efeito, as interpretações de uma crítica psicológica ou sociológica: ela analisa a obra não como fim em si, mas como um meio de aceder a outra coisa, como o efeito de uma causa. Mas é que a psicanálise e a sociologia querem ser ciências; por isso mesmo, a crítica que nelas se inspira condena-se a não poder ficar na obra mesma. Logo que os estudos literários se constituem em ciência, como faz hoje a poética, ultrapassa-se, novamente, a obra: esta é considerada, ainda uma vez, como um efeito, mas agora como efeito de sua própria forma. A única diferença, pois – mas ela é importante – é que ao invés de transpor a obra para um outro tipo de discurso, estudam-se as propriedades subjacentes do próprio discurso literário.

Essa impossibilidade de ficar no particular escapa à atenção de Cohen em suas declarações explícitas. Assim, ele censura os críticos por se interessarem mais pelo poeta do que pelo poema (p. 40) e diz, a propósito de seu trabalho, que "a análise literária do poema enquanto tal nada mais pode ser senão o comprovante desses mecanismos de transfiguração da linguagem pelo jogo das figuras" (p. 198). Evidentemente, aplicando-se em descrever esses "mecanismos de transfiguração" ele não mais analisa "o poema enquanto tal", pois isto é impossível; estuda precisamente um mecanismo geral; e não se trata de nenhum poema em todo o livro, salvo a título de exemplo.

Essa confusão não é grave, pois se limita a algumas declarações isoladas, situando-se o conjunto do livro na perspectiva da poética, que não estuda o poema enquanto tal, mas enquanto manifestação da poeticidade. Outra redução, porém, ameaça prejudicar os resultados alcançados, e mostra bem qual o gênero de perigo que a poética tem a temer, onde passa o limite que ela não deve ultrapassar. Trata-se da excessiva generalidade que atinge Cohen, tomando ao pé da letra um dos princípios do estruturalismo: estudar não os fenômenos mas sua diferença. A única tarefa da poética, nos diz ele, é estudar aquilo em que a poesia se diferencia da prosa. O único traço da figura que reteremos é aquilo em que a expressão poética se diferencia da expressão "natural". Mas para definir a poesia, não basta dizer em que ela é diferente da prosa, pois as duas têm uma parte comum que é a literatura. Da "linguagem poética", Cohen retém apenas o adjetivo, esquecendo que existe também um substantivo. A figura é não somente uma expressão diferente de outra, mas também uma expressão *tout court*. Esquecê-lo, isolar as duas partes, seria considerar a figura – ou a poesia – do ponto de vista de outra coisa e não dela mesma. Eis novamente infringido o princípio de imanência que Cohen proclama em outra parte, mas agora com consequências mais graves, pois o autor tem de fato tendência a tomar a poesia por aquilo que nela difere da prosa e não por um fenômeno integral.

O extremo que a poética deve evitar é a excessiva generalidade, a excessiva redução do objeto poético: o modelo que ela utiliza corre o risco de deixar passar o fenômeno poético. Pode-se adivinhar, pela descrição que demos do método de Genette, onde se acha o limite que ele deve, por sua vez, cuidar de não ultrapassar. Sua crítica se funde a tal ponto com a obra-objeto, que corre o risco de nela desaparecer. A longa e frequente citação não é um acaso nos textos de Genette, é um dos traços mais característicos de seu método: o poeta pode exprimir seu pensamento tanto quanto ele próprio, da mesma forma que ele fala como o poeta. Um passo mais e essa crítica cessará de ser uma explicitação para se tornar apenas uma retomada, uma repetição. A melhor descrição – e é de descrição que se trata nos textos de Genette – é a que não o é totalmente, a que, ao reproduzir, explicita.

As duas atitudes teriam pois interesse em tender mais uma para a outra. Um dos mais belos textos do livro de Genette, "Silences de Flaubert", permite-nos entrever, embora de longe, as possibilidades assim oferecidas. Nesse texto, Genette procura compreender "a escritura de Flaubert naquilo que ela tem de mais específico" (p. 242); simplificando muito, poderíamos dizer que se trata da função particular concedida por Flaubert à descrição, do papel tão importante que ela representa em seus romances. Reencontramo-nos pois diante das noções da poética que parecem esclarecer muitas coisas; mas é apenas uma amostra que nos faz desejar algo mais. Pois fala-se da descrição como se ela se explicasse por si mesma; mas, de fato, de que se trata? Por que ela se opõe à narração, enquanto ambas parecem pertencer ao discurso do narrador com relação às personagens (passagem da visão "com" à visão "por detrás") nesta frase deslumbrante de *Bovary* que aparece em meio a um "furor de locomoção": "velhos de paletó negro passeavam ao longo de um terraço enverdecido de hera..." (p. 239)? Eis aí muitas perguntas às quais a poética poderia dar, senão uma resposta, pelo menos os meios de a encontrar.

Não existe, pois, um muro entre a poética e a crítica; e a prova disso está presente não só no desejo que acabamos de formular, mas também no fato de que esse crítico puro e esse teórico puro tenham encontrado um terreno comum, e tenham tratado, ambos, do mesmo problema: as figuras de retórica. A escolha desse ponto de encontro já é significativa (entre outras, por influência real de Valéry sobre o pensamento crítico de hoje): trata-se realmente de uma reabilitação da retórica. Eles não subscrevem, é verdade, todas as afirmações dos retóricos clássicos; mas está doravante claro que não se pode liquidar em duas palavras o problema das figuras, problema real, importante e complexo.

Nossos dois autores desenvolvem duas teorias diferentes da figura retórica, que examinaremos brevemente aqui. Detenhamo-nos, para tanto, no único ponto essencial, que é a definição da figura. Segundo Genette, para que haja figura, é preciso que haja também dois meios de dizer a mesma coisa; a figura só é tal por oposição a uma expressão literal. "A existência e o caráter da figura são absolutamente determinados pela existência e o caráter dos signos virtuais aos quais comparo os signos reais, colocando sua equivalência semântica" (p. 210). A figura é o espaço que existe entre duas expressões.

Segundo Cohen, a figura se define também pela relação com outra coisa que está fora dela. Mas não é uma outra expressão, é a regra que pertence ao código da linguagem. Ao mesmo tempo ele restringe as verdades de relação entre a figura e a regra: a relação em pauta é uma transgressão, a figura repousa sobre um não obedecimento à regra ("cada uma das figuras especificando-se como infração a uma das regras que compõem o código", p. 51). O corpo do livro de Cohen representa o desenvolvimento e a verificação dessa hipótese, com o exemplo de algumas figuras representativas. É preciso dizer desde já que esse desenvolvimento e essa verificação, salvo algumas insignificantes exceções, são irrepreensíveis e provam efetivamente que as figuras consideradas representam infrações a alguma regra linguística.

Mas por isso mesmo o problema da figura ainda não está resolvido. O denominador comum das quatro ou cinco figuras examinadas por Cohen deve reencontrar-se em todas as outras, para que seja uma condição necessária ao fenômeno "figura". Senão, duas possibilidades se oferecem (assim como para a definição de Genette): podemos declarar que o que não tem esse denominador comum não é uma figura. Mas essa definição é então puramente tautológica: induz-se a definição a partir de fenômenos escolhidos com a ajuda de um critério fornecido pela própria definição. Ou então declaramos a definição insatisfatória e procuramos outro denominador comum para as figuras escolhidas segundo um critério independente.

Tomemos uma figura tão comum quanto a antítese. "O céu está em seus olhos, o inferno em seu coração"; qual é a expressão literal que desenha o espaço da linguagem? Qual é a regra linguística infringida?

A confusão tem causas diferentes em cada uma dessas duas concepções. Genette quase formula a sua, quando trata da descrição. É realmente uma figura, mas por quê? Porque, nos diz ele no rastro de Fontanier, "Terâmeno... diz em quatro versos o que poderia ter dito em duas palavras, portanto a descrição substitui (isto é, poderia ser substituída por) uma simples designação: eis a figura" (p. 214). Mas se a descrição estava ausente, não haveria mais o mesmo *sentido*; a única coisa que permaneceria idêntica é o objeto evocado, o *referente*. Genette desliza aqui da oposição entre duas formas de um sentido à oposição entre dois sentidos que dizem respeito a um referente; mas não é mais um espaço linguístico que eles encerram, mas um espaço psicológico: descrever ou não descrever. A descrição, tanto quanto a antítese, a gradação e muitas outras figuras, não se refere a uma expressão literal. O espaço da linguagem não está aí presente.

O raciocínio de Cohen não é errôneo mas incompleto. É verdade que as figuras que ele examina são infrações; mas muitas outras não o são. A aliteração, diz-nos Cohen, é uma figura porque ela se opõe ao paralelismo fono-semântico que reina na linguagem: nesse caso, os sons semelhantes não correspondem a sentidos semelhantes. Isto é verdade; mas que figura é então a *derivação* ou a simples *repetição*, na qual a aproximação de sons semelhantes corresponde a uma aproximação de sentidos semelhantes? Se o provamos, é que dispomos de um método dialético que, como se sabe, ganha sempre. Nem toda figura é anomalia e é preciso procurar outro critério que não a transgressão.

Entretanto, a definição correta já estava presente na retórica de Dumarsais (cujo malogro Genette declara um pouco apressadamente): "As maneiras de falar, escrevia ele, que exprimem não somente pensamentos mas ainda pensamentos enunciados de um modo particular que lhes dá um caráter próprio, essas maneiras, digo, são chamadas figuras". É figura o que dá ao discurso "um caráter próprio", o que o torna perceptível; o discurso figurado é um discurso opaco, o discurso sem figuras é um discurso transparente. Chamar o navio "navio" é utilizar a linguagem apenas como um mediador de significação, é matar ao mesmo tempo o objeto e a palavra. Chamá-lo "vela" é deter nosso olhar sobre a palavra, dar à linguagem um valor próprio e uma possibilidade de sobreviver ao mundo.

Mas não é necessário, para tanto, que exista outra expressão para dizer a mesma coisa, nem uma regra linguística infringida. Basta que haja uma forma, uma disposição particular da linguagem (Dumarsais o disse: "uma maneira particular") para que possamos perceber a própria linguagem. É figura o que se deixa descrever, o que é institucionalizado como tal. A gradação é uma figura porque notamos a sucessão de três palavras da mesma espécie: o olhar dá vida à figura como mata Eurídice. Se não houvesse figuras, talvez ainda ignorássemos a existência da linguagem: não esqueçamos que os sofistas, que foram os primeiros a falar dela, foram também os criadores da retórica.

As figuras são o assunto de um único artigo em Genette; mas elas se encontram no centro da atenção de Cohen e sua interpretação abusiva ameaça mais a construção do conjunto. As figuras como infrações são a própria base da teoria de Cohen: elas freiam o funcionamento normal da linguagem para deixar passar apenas a mensagem poética. Mas as figuras são apenas a presença da própria linguagem, não há destruição necessária da linguagem comum. Então, como essa "outra" mensagem chega a passar?

Acreditamos que a "outra" mensagem não passa porque nunca existiu, pelo menos não sob a forma que lhe atribui Cohen. E como não é em sua argumentação que queremos procurar uma falha, será preciso, para descobrir as causas de uma nova confusão, descer às premissas lógico-linguísticas das quais partiu seu raciocínio.

A face significada do signo linguístico se separa, para Cohen, em duas partes: forma e substância. Essa dupla de termos, tomada de empréstimo a Hjelmslev, conhece certa incerteza no uso, e seria bom fixarmos seu sentido desde o início. "A forma é o estilo" (p. 35), é o que se perde numa tradução, são as particularidades expressivas e estilísticas no sentido mais restrito da palavra. A substância é a "coisa existente em si e independentemente de toda expressão verbal ou não verbal" (p. 33). A partir dessas bases, a teoria poética de Cohen se desenvolve do seguinte modo: a substância (os objetos) não pode ser unicamente poética em si; pois a poesia vem unicamente da forma. Para que ela se imponha, é necessário impedir o funcionamento normal da linguagem, que transmite habitualmente as substâncias, não as formas: é este o papel das figuras. Uma vez embaralhada a mensagem denotativa, poder-se-á perceber a forma que se resolve numa pura afetividade. Nesse momento, "não se trata mais da mensagem ela mesma, enquanto sistema de signos, mas do efeito subjetivo produzido no receptor" (p. 203); o efeito da poesia está nas emoções e seu estudo cabe à psicologia, não à semântica. E Cohen cita essa frase significativa de Carnap que "exprime muito bem a concepção que é a nossa": "O objetivo de um poema... é... exprimir certas emoções do poeta e excitar em nós emoções análogas" (p. 205).

Comecemos pelas premissas. O que impressiona nessa teoria da significação – e é paradoxal – é o fato de as palavras não terem sentido: têm somente um referente (a substância) e um valor estilístico e emocional (a forma). Ora, a lógica e a linguística afirmam desde há muito que, fora desses dois elementos, existe um terceiro, o mais importante, que se chama *sentido* ou *compreensão*. "O satélite da terra" e "essa foice de ouro"[3], nos diz Cohen, opõem-se unicamente por sua forma: a primeira expressão não contém figura e é afetivamente neutra, a segunda é figurada e emocional. A lua é poética como "rainha das noites" ou como "essa foice de

3. Imagem famosa de Victor Hugo, no poema *Booz endormi*:
   "Quel dieu, quel moissonneur de l'éternel été
   Avait, en s'en allant, négligemment jeté
   Cette faucille d'or dans le champ des étoiles". (N. da T.)

ouro..."; fica prosaica como "o satélite da terra" (p. 39). Ora, não é apenas o valor estilístico que difere nessas duas expressões, é também o sentido; o que elas têm em comum é um referente, não uma significação; mas esta é interior à linguagem. A diferença essencial não está na reação emocional que elas provocam no receptor (e provocam?), mas no sentido que têm.

"*Le Lac* de Lamartine, *Tristesse d'Olympio* de Hugo, *Le Souvenir* de Musset dizem a mesma coisa, mas cada um a diz de um modo novo", afirma Cohen (p. 42); ou ainda: o valor estético do poema não reside no que ele diz, mas na maneira como diz (p. 40). Ora, não há duas maneiras de dizer a mesma coisa; só o referente pode permanecer idêntico; as duas "maneiras" criam duas significações diferentes.

Não há pois nenhuma prova de que a poesia resida naquilo que Cohen chama de "forma": se ele consegue provar que ela não está no referente, nada nos diz no que concerne ao sentido. Há, em compensação, muitos argumentos contra a redução do poema a um complexo de emoções. Jakobson nos alertava, há mais de quarenta anos: "A poesia pode utilizar os meios da linguagem emocional, mas sempre com desígnios que lhe são próprios. Essa semelhança entre os dois sistemas linguísticos, assim como a utilização feita pela linguagem poética de meios próprios à linguagem emocional, provoca frequentemente a identificação das duas. Essa identificação é errônea, já que não leva em conta a diferença funcional fundamental entre os dois sistemas linguísticos". Reduzir a poesia a um "sentimento" análogo no poeta e em seu leitor, como quer Carnap, é voltar às concepções psicológicas há muito superadas. A poesia não é uma questão de sentimentos, mas de significações.

O abismo cavado por Cohen entre dois tipos diferentes de significação, dos quais um só é esteticamente válido, vem restabelecer, em toda sua antiga grandeza, a dupla "forma" e "conteúdo". O perigo dessa concepção (que o próprio Valéry não conseguiu evitar completamente) não está no primado concedido ao conteúdo às expensas da forma (dizer o inverso seria igualmente falso) mas na própria existência dessa dicotomia. Se o estruturalismo deu um passo à frente desde o formalismo, é precisamente por ter cessado de isolar uma forma, única válida, e de se desinteressar dos conteúdos. A obra literária não tem uma forma e um conteúdo, mas uma estrutura de significações cujas relações é preciso conhecer.

A concepção reducionista de Cohen se choca, ainda aqui, com os fatos: muitas poéticas não podem ser explicadas como uma infração aos princípios da linguagem. Mas "a estética clássica é uma estética antipoética", assegura-nos Cohen (p. 20). Não; o que acontece é que a poética constitui uma categoria mais ampla do que a que ele nos apresenta; e a estética dos clássicos aí encontra perfeitamente seu lugar.

As ressalvas críticas que acabamos de formular não devem levar a um engano sobre a importância do trabalho de Cohen. A maior parte de suas análises continua sendo uma incontestável aquisição, e se suas premissas e suas conclusões se prestam à discussão, aí talvez esteja um mérito suplementar: pois já era bem tempo de começar a discutir os problemas da poética.

4. A ANÁLISE ESTRUTURAL DA NARRATIVA

O tema que me proponho a tratar é tão vasto que as poucas páginas que se seguem tomarão, inevitavelmente, a forma de um resumo. Meu título contém, além disso, a palavra "estrutural", palavra que, hoje em dia, confunde mais do que esclarece. Para evitar ao máximo os mal-entendidos, procederei da seguinte maneira. Darei, primeiramente, uma descrição abstrata do que acredito ser a abordagem estrutural da literatura. Essa abordagem será em seguida ilustrada por um problema concreto, o da narrativa, e mesmo mais estreitamente, da intriga. Os exemplos serão todos colhidos no *Decameron* de Boccacio. Finalmente, tentarei tirar algumas conclusões gerais sobre a natureza da narrativa e sobre os princípios de sua análise.

Podemos, primeiramente, opor duas atitudes possíveis diante da literatura: uma atitude teórica e uma atitude descritiva. A análise estrutural terá sempre um caráter essencialmente teórico e não descritivo; por outras palavras, o objetivo de tal estudo nunca será a descrição de uma obra concreta. A obra será sempre considerada como a manifestação de uma estrutura abstrata, da qual ela é apenas uma das realizações possíveis; o conhecimento dessa estrutura será o verdadeiro objetivo da análise estrutural. O termo "estrutura" tem pois aqui um sentido lógico, não espacial.

Uma outra oposição nos permitirá delimitar melhor a posição crítica que nos preocupa. Se opusermos uma abordagem interna da obra literária a uma abordagem externa, a análise estrutural estará do lado da interna. Essa oposição é bem conhecida dos críticos literários, e Wellek e Warren a colocaram na base de sua *Theory of literature*. É portanto necessário lembrá-la aqui, pois ao qualificar a análise estrutural de teórica, aproximava-me aparentemente daquilo que se chama habitualmente de "externo" (num uso impreciso, "teórico" e "externo", de um lado, "descritivo" e "interno", de outro, são sinônimos). Por exemplo, quando os marxistas e os psicanalistas tratam de uma obra literária, não estão interessados no conhecimento dessa obra ela mesma, mas no conhecimento de uma estrutura abstrata, social ou psíquica, que se manifesta através dessa obra. Essa atitude é pois, ao mesmo tempo, teórica e externa. Por outro lado, um New Critic (imaginário), cuja abordagem é visivelmente interna, não terá outro objetivo senão o conhecimento da obra ela mesma; o resultado de seu trabalho será uma paráfrase da obra, que pretende revelar seu sentido melhor do que a obra ela mesma.

A análise estrutural é diferente de cada uma dessas duas atitudes. Não se satisfaz com uma pura descrição da obra, nem com sua interpretação em termos psicológicos ou sociológicos, ou mesmo filosóficos. Em outros termos, a análise estrutural da literatura coincide (em grandes linhas) com a teoria da literatura, com a poética. Seu objeto é o discurso literário mais do que as obras literárias, a literatura virtual mais do que a literatura real. O objetivo desse estudo não é mais articular uma paráfrase, um resumo argumentado da obra concreta, mas propor uma teoria da estrutura e do funcionamento do discurso literário, apresentar um quadro dos possíveis literários, do qual as obras literárias existentes aparecem como casos particulares realizados.

É preciso acrescentar imediatamente que, na prática, a análise estrutural visará também a obras reais: o melhor caminho para a teoria passa pelo conhecimento empírico preciso. Mas essa análise descobrirá em cada obra o que esta tem de comum com outras (estudo dos gêneros, dos períodos etc.), ou mesmo com todas as outras (teoria da literatura); ela não saberia dizer a especificidade individual de cada uma. Na prática, trata-se sempre de um movimento contínuo de ida e volta, das propriedades literárias abstratas às obras individuais e inversamente. A poética e a descrição são, de fato, duas atividades complementares.

Por outro lado, afirmar o caráter interno dessa abordagem não quer dizer que se negue a relação da literatura com outras séries homogêneas, como a filosofia, ou a vida social etc. Trata-se aqui principalmente de estabelecer uma ordem hierárquica: a literatura deve ser compreendida na sua especificidade, enquanto literatura, antes de se procurar estabelecer sua relação com algo diferente dela mesma.

Não é difícil ver que tal concepção dos estudos literários deve muito à ideia moderna de ciência. Pode-se dizer que a análise estrutural da literatura é uma espécie de propedêutica a uma futura ciência da literatura. Esse termo ciência, empregado a propósito de literatura, suscita habitualmente uma onda de protestos. Será talvez oportuno levantar alguns deles e tentar responder-lhes desde já.

Releiamos, primeiramente, esta página tirada do artigo célebre sobre "The Art of Fiction" de Henry James, que contém vários desses protestos: "Há muita probabilidade de que ele [o romancista] tenha uma disposição de espírito tal que essa distinção bizarra e literal entre descrição e diálogo, descrição e ação, pareça-lhe desprovida de sentido e pouco esclarecedora. As pessoas falam frequentemente dessas coisas como se existisse uma distinção nítida entre elas, como se elas não se confundissem a todo instante, como se elas não se encontrassem intimamente ligadas num esforço geral de expressão. Não posso imaginar a composição de um livro encarnada numa série de blocos isolados; nem conceber, num romance digno de ser mencionado, uma passagem de descrição que seja desprovida de intenção narrativa, uma passagem

81

de diálogo que seja sem intenção descritiva; uma reflexão qualquer que não participe da ação, ou uma ação cujo interesse tenha outra razão além daquela, geral e única, que explica o êxito de toda obra de arte: a de poder servir de ilustração. O romance é um ser vivo, uno e contínuo, como qualquer outro organismo, e notar-se-á, creio eu, que ele vive precisamente à medida que em cada uma de suas partes aparece qualquer coisa de todas as outras. O crítico que, a partir da textura fechada de uma obra terminada, pretender traçar a geografia de suas unidades, será levado a colocar fronteiras tão artificiais, temo eu, quanto todas aquelas que a história conheceu".

Nesse trecho, Henry James acusa o crítico que utiliza termos como "descrição", "narração", "diálogo", de cometer dois pecados. Primeiramente, nunca se encontrará, num texto real, um diálogo puro, ou uma descrição pura etc. Em segundo lugar, o próprio emprego desses termos é inútil, senão prejudicial, pois o romance é "um ser vivo, uno e contínuo".

A primeira objeção perde todo seu valor quando nos colocamos na perspectiva da análise estrutural. Com efeito, ela visa ao conhecimento de conceitos como "descrição" ou "ação", mas nem por isso precisará encontrá-las em algum lugar em estado puro. É mesmo natural que os conceitos abstratos não se deixem observar diretamente, no nível da realidade empírica. Falar-se-á em física, por exemplo, de uma propriedade como a temperatura, embora não a possamos encontrar como tal, mas que se observa em corpos que têm muitas outras propriedades ainda, por exemplo, resistência, volume etc. A temperatura é um conceito teórico, não precisa existir em estado puro; o mesmo acontece com a descrição.

A segunda objeção é ainda mais curiosa. Tomemos essa comparação, já duvidosa, da obra com o ser vivo. Sabemos todos que uma parte qualquer de nosso corpo contém sangue, nervos, músculos etc. – todos ao mesmo tempo; mas não pedimos por isso ao biólogo que abandone essas abstrações aberrantes, designadas pelas palavras: sangue, nervos, músculos. O fato de esses se encontrarem sempre juntos não nos impede de os distinguir. Se o primeiro argumento de James tinha um aspecto positivo – indicava que nosso objeto deveria ser constituído por categorias abstratas e não por obras concretas, – o segundo representa a pura recusa a reconhecer a existência das categorias abstratas, daquilo que não se vê.

Existe outro argumento muito divulgado contra a introdução de princípios científicos nos estudos literários. Dizem-nos, nesse caso, que a ciência deve ser objetiva enquanto a interpretação da literatura é sempre subjetiva. Em minha opinião, essa oposição brutal é insustentável. O trabalho do crítico pode ter diferentes graus de subjetividade, tudo depende da perspectiva que ele escolheu. Esse grau será muito menos elevado se ele tentar identificar as propriedades da obra do que se ele procurar a significação de determinada época ou determinado meio. Aliás, os diferentes estratos da obra deixam-se identificar com grau desigual de subjetividade. Haverá poucas discussões sobre o esquema métrico ou fônico de um poema; um pouco mais, sobre a natureza de suas imagens; ainda mais, sobre as unidades semânticas superiores.

Por outro lado, não existe ciência social (nem mesmo ciência) que seja livre de toda subjetividade. A simples escolha de um conjunto de conceitos teóricos ao invés de outro já pressupõe uma decisão subjetiva; mas, se não se faz essa escolha, fica-se a marcar passo. O economista, o antropólogo, o linguista devem igualmente ser subjetivos; a única diferença é que eles são conscientes disso e tentam circunscrever essa subjetividade e levá-la em conta no interior da teoria. Não tentaremos pois repudiar a subjetividade das ciências sociais numa época em que ela penetra até mesmo nas ciências naturais.

É tempo, agora, de interromper essas especulações teóricas para dar um exemplo do que pode ser a abordagem estrutural da literatura. Este exemplo serve de ilustração, mais do que de prova; as tomadas de posição teóricas que acabo de expor não serão contestadas se se encontrarem falhas na análise concreta que nelas se fundamenta.

O conceito literário (abstrato) que eu gostaria de discutir é o da intriga. Isso não quer dizer, evidentemente, que para mim a literatura se reduza unicamente à intriga. Penso antes que a intriga é uma noção que os críticos não apreciam e, por essa mesma razão, ignoram. O leitor comum, pelo contrário, lê um livro antes de tudo como a narrativa de uma intriga; mas esse leitor ingênuo não se interessa pelos problemas teóricos. Meu objetivo será propor um certo número de categorias que podem servir àquele que identifica e descreve intrigas. Essas categorias juntar-se-ão pois àquele pobre vocabulário de que dispomos na análise da narrativa e que consiste dos termos: ação; personagens; reconhecimento etc.

Os exemplos literários que utilizarei são tirados do *Decameron* de Boccacio. Não é entretanto minha intenção fazer aqui uma análise do *Decameron*: esses contos servem apenas a manifestar uma estrutura literária abstrata que é a da intriga. Começarei por contar a intriga de algumas dessas novelas.

Um monge leva uma jovem a sua cela e faz amor com ela. O abade fica sabendo e se prepara para puni-lo severamente. Mas o monge percebe que o abade descobriu e prepara-lhe uma armadilha, deixando sua cela. O abade entra e sucumbe aos encantos da moça, enquanto o monge o observa, por sua vez. Quando finalmente o abade pretende punir o monge, este lhe faz notar que ele acaba de cometer o mesmo pecado. Resultado: o monge não é punido (I, 4).

Isabetta, jovem monja, está com seu amante na cela. As outras freiras percebem, ficam com ciúmes dela e vão acordar a abadessa para que esta puna Isabetta. Mas a abadessa estava na cama com um abade; por isso tem de sair às pressas e põe os calções do abade na cabeça ao invés da coifa. Trazem Isabetta à igreja e a abadessa começa a fazer-lhe um sermão, quando Isabetta nota os calções em sua cabeça. Ela os aponta a todos; assim a punição é evitada (IX, 2).

Peronella recebe seu amante na ausência do marido, pobre pedreiro. Mas um dia este último volta mais cedo. Peronella esconde o amante num tonel; quando o marido entra, ela lhe diz que alguém queria comprar o tonel e que esse alguém o está agora examinando. O marido acredita e se alegra com a venda. O amante paga e vai embora com o tonel (VII, 2).

Uma mulher casada recebe todas as tardes seu amante numa casa de campo da família, onde ela está habitualmente só. Mas uma tarde o marido volta da cidade; o amante ainda não está lá, ele chega um pouco mais tarde e bate à porta. A mulher afirma que é um fantasma que vem importuná-la todas as tardes e que é preciso exorcizá-lo. O marido pronuncia fórmulas improvisadas pela mulher; o amante adivinha qual é a situação e vai embora, contente com a esperteza de de sua cúmplice (VII, 1).

Não é difícil reconhecer que essas quatro intrigas (e há muitas outras semelhantes no *Decameron*) têm algo em comum. Para exprimi-lo, usarei uma formulação esquemática que retém apenas os elementos comuns dessas intrigas. O sinal ⇒ significará a relação de implicação existente entre duas ações.

X viola uma lei ⇒ Y deve punir X ⇒ X tenta evitá-lo
⇒ { [Y viola uma lei]
    Y acredita que X não viola a lei } ⇒ Y não pune X

Essa representação esquemática pede várias explicações.

1. Percebe-se primeiramente que a unidade mínima de intriga se deixa naturalmente representar por uma oração. Existe uma analogia profunda entre as categorias da língua e as categorias da narrativa, que deve ser explorada.

2. A análise dessa oração narrativa nos faz descobrir a existência de duas unidades inferiores que correspondem às "partes do discurso". *a*) Os agentes, aqui chamados de X e Y, correspondentes aos nomes próprios. Eles servem de sujeito ou de objeto da oração; por outro lado, eles permitirão identificar sua referência sem a descrever. *b*) O predicado que é sempre aqui um verbo: violar, punir, evitar. Os verbos possuem uma característica semântica comum: designam uma ação que modifica a situação precedente. c) Uma análise de outros contos nos teria feito descobrir uma terceira parte do discurso narrativo, que corresponde à qualidade e que não transforma a situação em que aparece: é o adjetivo. Assim, em I,8: no começo da ação Ermino é avarento enquanto Guglielmo é generoso. Guglielmo encontra um meio de ridicularizar a avareza de Ermino e desde então este é "o

mais liberal e o mais amável dos gentis-homens". As qualidades das duas personagens são exemplos de adjetivos.

3. As ações (violar, punir) podem ter uma forma positiva ou negativa; teremos pois igualmente necessidade da categoria de estatuto.

4. A categoria de modalidade é aqui pertinente. Quando dizemos "Y deve punir X", designamos assim uma ação que ainda não aconteceu (no universo imaginário do conto) mas que não está menos presente em virtualidade. André Jolles sugeria que se caracterizassem gêneros inteiros por seu modo: a fábula[4] seria o gênero do imperativo, na medida em que ela nos descreve um exemplo a seguir: o conto de fadas é, como se tem dito frequentemente, o gênero do optativo, do desejo realizado.

5. Quando escrevemos "Y acredita que X não viola a lei", temos aí o exemplo de um verbo, "acreditar", que é diferente dos outros. Não se trata de uma ação diferente, mas da percepção diferente da mesma ação. Poder-se-ia falar assim de "ponto de vista", fazendo com que essa noção diga respeito não só à dupla narrador-leitor mas também às personagens.

6. Existem relações entre as orações; em nosso exemplo, essa relação é sempre causal; mas uma análise mais avançada distinguiria implicações de pressuposições (p. ex., a relação que introduz a punição modal). O estudo de outros contos mostra que existem igualmente relações puramente temporais (de sucessão) ou espaciais (de paralelismo).

7. Uma sucessão organizada de orações forma uma nova unidade sintagmática, a sequência. A sequência é percebida pelo leitor como uma história acabada, é a narrativa mínima completa. Essa impressão de acabamento é produzida por uma repetição modificada da oração inicial: a primeira e a

---

4. No texto: *légende*. (N. da T.)

última orações terão diferentes modos, ou estatutos, ou serão encaradas de diferentes pontos de vista etc. Em nosso exemplo, é a punição que deve repetir-se: primeiro modalizada, em seguida negada. Em uma sequência de relações temporais, a repetição pode ser completa.

8. Poderíamos perguntar também: existe um caminho de volta? Que caminho deveremos seguir para ir dessa representação esquemática e abstrata à novela individual? A resposta, aqui, é tripla:

a) Podemos estudar o mesmo gênero de organização num nível mais concreto: toda oração de nossa sequência poderia ser reescrita como uma sequência inteira etc. Não mudaríamos então a natureza do estudo mas o nível de generalidade.

b) Podemos igualmente estudar as ações concretas através das quais percebemos nossas unidades abstratas. Por exemplo, podemos levantar as diferentes leis que se acham violadas nos contos do *Decameron*, ou as diferentes punições que aí se realizam etc. Será este um estudo temático.

c) Finalmente, podemos indagar sobre a matéria verbal que suporta nossas unidades abstratas. A mesma ação pode ser apresentada através de um diálogo ou de uma descrição, num discurso figurado ou não. Por outro lado, cada ação pode ser encarada de um ponto de vista diferente. Trata-se aqui de um estudo retórico.

Essas três direções correspondem às três grandes subdivisões da análise da narrativa: estudo da sintaxe narrativa, estudo temático e estudo retórico.

Chegados a esse ponto, podemos perguntar-nos: para que serve tudo isso? Essa análise nos revelou algo sobre as novelas em questão? Mas essa seria uma má pergunta. Nosso objetivo não é o conhecimento do *Decameron* (embora tal análise possa servir também a esse objetivo) mas o conhecimento da literatura ou, no caso preciso, da intriga. As categorias da intriga aqui introduzidas podem permitir uma descrição mais avançada e mais precisa de outras intrigas. O objeto do estudo deve ser os modos narrativos, ou os pontos de vista, ou as sequências, e não tal ou tal conto, em si mesmo e por ele mesmo.

A partir de categorias semelhantes podemos dar um passo à frente e interrogar-nos sobre a possibilidade de uma tipologia das intrigas. É difícil por enquanto avançar uma hipótese razoável; por isso contentar-me-ei com resumir o resultado de minhas pesquisas sobre o *Decameron*.

Pode-se apresentar a intriga mínima completa como a passagem de um equilíbrio a outro. Esse termo equilíbrio, que tomo de empréstimo à psicologia genética, significa a existência de uma relação estável mas dinâmica entre os membros de uma sociedade: é uma lei social, uma regra do jogo, um sistema particular de troca. Os dois momentos de equilíbrio, semelhantes e diferentes, estão separados por um período de desequilíbrio que será constituído de um processo de degradação e um processo de melhora.

Todos os contos do *Decameron* inscrevem-se nesse esquema muito geral. Mas a partir daí podemos estabelecer uma distinção entre dois tipos de história. O primeiro pode ser chamado "a punição evitada"; as quatro histórias que lembrei no início são desse tipo. Nelas, o ciclo completo é seguido: começa-se por um estado de equilíbrio, rompido pela violação da lei. A punição teria restabelecido o equilíbrio inicial, o fato de ela ser evitada estabelece um novo equilíbrio.

Outro tipo de história é ilustrado pela novela sobre Ermino (I, 8); podemos chamá-la "a conversão". Essa história começa no meio do ciclo completo, por um estado de desequilíbrio. Esse desequilíbrio consiste na presença de um defeito no caráter da personagem. A novela se reduz à descrição de um processo de melhora, até que o defeito não exista mais.

As categorias que nos servem na descrição desses tipos são reveladoras para o universo de um livro. Em Boccacio, os dois equilíbrios simbolizam (em grandes linhas) a cultura e a natureza, o social e o individual; a novela consiste, habitualmente, em demonstrar a superioridade do segundo termo sobre o primeiro.

Poderíamos também procurar maiores generalizações; é possível confrontar tal tipologia das intrigas com uma tipologia dos jogos e aí encontrar duas variantes de uma estrutura comum. Tão pouco foi feito nessa direção que ignoramos até mesmo a natureza das questões que podem ser colocadas [5].

Gostaria de voltar agora aos temas do princípio e retomar a questão inicial: qual é o objeto da análise estrutural da literatura (ou, se se preferir, da poética)? À primeira vista, é a Literatura, ou como diria Jakoson, a *literaridade*. Mas olhemos mais de perto. Discutindo os fenômenos literários, fomos obrigados a introduzir certo número de questões, a criar uma imagem da literatura; essa imagem constitui a preocupação constante de toda pesquisa sobre a poética. "A ciência não se ocupa das coisas mas dos sistemas de signos com que ela substitui as coisas", escreve Ortega y Gasset. As virtualidades que constituem o objeto da poética (como de toda outra ciência), essas qualidades abstratas da literatura, só existem no discurso da própria poética. Nessa perspectiva, a literatura é apenas um mediador, uma linguagem, da qual se serve a poética para falar.

Não se deve concluir que a literatura seja secundária para a poética e que ela não seja, em certo sentido, seu objeto. O que caracteriza a ciência é justamente essa ambiguidade do objeto, ambiguidade que não se pretende resolver mas colocar na própria base do estudo. A poética, como a literatura, consiste num movimento ininterrupto de ida e volta entre dois polos: o primeiro é a autorreferência, a preocupação consigo mesma; o segundo o que se chama habitualmente seu objeto.

Há uma conclusão prática a ser tirada dessas especulações. Em poética, como alhures, as discussões metodológicas não são uma parte secundária do domínio mais vasto, uma espécie de subproduto acidental: elas constituem seu próprio

---

5. Algumas indicações bibliográficas: trato mais longamente dos mesmos problemas no capítulo "Poétique" da obra coletiva *Qu'est-ce que le structuralisme?*, Paris, Edition du Seuil, 1968; e em meu livro *Grammaire du Décaméron*, a ser publicado por Mouton, em Haia. Vários estudos situados numa perspectiva semelhante foram publicados na revista *Communications*, Paris, Ed. du Seuil, n° 4, 8, 11 (textos de Roland Barthes, Claude Bremond, Gérard Genette etc.)

centro, representam sua principal tarefa. Como diz Freud: "O que constitui o caráter essencial do trabalho científico não é a natureza dos fatos de que trata, mas o rigor do método que preside à constatação desses fatos, e a procura de uma síntese tão vasta quanto possível".

II

ANÁLISES

1. TIPOLOGIA DO ROMANCE POLICIAL

> "O gênero policial não se subdivide em espécies. Apenas apresenta formas historicamente diferentes."
>
> Boileau-Narcejac, *Le Roman Policier*, Payot, *1964*, p. *185*.

Se ponho essas palavras em epígrafe a um artigo que trata, precisamente, das "espécies" no gênero "romance policial", não é para sublinhar minha discordância dos autores em questão, mas porque essa atitude é muito difundida e a primeira com relação à qual é preciso tomar posição. O romance policial não é a causa disso: há mais de dois séculos se faz sentir uma forte reação, nos estudos literários, a contestar a própria noção de gênero. Escreve-se ou sobre a literatura em geral ou sobre uma obra; e existe uma convenção tácita segundo a qual enquadrar várias obras num gênero é desvalorizá-las. Essa atitude tem uma boa explicação histórica: a reflexão literária da época clássica, que tratava mais dos gêneros do que das obras, manifestava também uma lamentável tendência: a obra era considerada má se não obedecia suficientemente às regras do gênero. Essa crítica procurava, pois, não só descrever os gêneros, mas prescrevê-los; o quadro dos gêneros precedia à criação literária ao invés de segui-la.

A reação foi radical: os românticos e seus atuais descendentes recusaram-se não só a se conformar às regras dos gêneros (o que era de seu pleno direito) mas também a reconhecer a própria existência dessa noção. Por isso a teoria dos gêneros ficou singularmente pouco desenvolvida até nossos dias. Apesar disso, no momento atual, teríamos tendência a procurar um intermediário entre a noção demasiadamente geral de literatura e esses objetos particulares que são as obras. O atraso vem sem dúvida do fato de que a tipologia implica e é implicada pela descrição dessas obras particulares; ora, essa última tarefa está longe de ter recebido soluções satisfatórias: enquanto não se souber descrever a estrutura das obras, será preciso contentar-se com comparar elementos que se sabe medir, como o metro. Apesar de toda a atualidade de uma pesquisa sobre os gêneros (como tinha notado Thibaudet, é do problema dos universais que se trata), não podemos começá-la sem fazer avançar primeiramente a descrição estrutural: só a crítica do classicismo podia permitir-se deduzir os gêneros a partir de esquemas lógicos abstratos.

Uma dificuldade suplementar vem juntar-se ao estudo dos gêneros; ela provém do caráter específico de toda norma estética. A grande obra cria, de certo modo, um novo gênero, e ao mesmo tempo transgride as regras até então aceitas. O gênero de *A Cartuxa de Parma*, isto é, a norma à qual esse romance se refere, não é o romance francês do começo do século XIX; é o gênero "romance stendhaliano" que foi criado precisamente por essa obra e por algumas outras. Poder-se-ia dizer que todo grande livro estabelece a existência de dois gêneros, a realidade de duas normas: a do gênero que ele transgride, que dominava a literatura precedente; a do gênero que ele cria.

Existe, entretanto, um domínio feliz onde essa contradição dialética entre a obra e seu gênero não existe: o da literatura de massa. A obra-prima habitual não entra em nenhum gênero senão o seu próprio; mas a obra-prima da literatura de massa é precisamente o livro que melhor se inscreve no seu gênero. O romance policial tem suas normas; fazer "melhor" do que elas pedem é ao mesmo tempo fazer "pior": quem quer "embelezar" o romance policial faz "literatura", não romance policial. O romance policial por excelência não é aquele que transgride as regras do gênero, mas o que a elas se adapta: *No Orchids for Miss Blandish* é uma encarnação do gênero, não um ultrapassamento. Se os gêneros da literatura popular tivessem sido bem descritos, não caberia mais falar de suas obras-primas: é a mesma coisa; o melhor romance será aquele do qual não se tem nada a dizer. Eis um fato pouco notado e cujas consequências afetam a categoria do belo: estamos hoje em presença de um corte entre suas duas manifestações essenciais; não há mais uma única norma estética em nossa sociedade, mas duas; não se pode medir com as mesmas medidas a "grande" arte e a arte "popular".

A classificação dos gêneros no interior do romance policial promete ser, portanto, relativamente fácil. Mas é preciso, para tanto, começar pela descrição das "espécies", o que quer dizer também por sua delimitação. Tomaremos como ponto de partida o romance policial clássico que conheceu sua hora de glória entre as duas guerras, e que podemos chamar "romance de enigma". Já houve várias tentativas de precisar as regras desse gênero (voltaremos mais tarde às vinte regras de Van Dine); mas a melhor característica global nos parece ser a que nos dá Michel Butor em seu romance *L'emploi du temps*. George Burton, autor de numerosos romances policiais, explica ao narrador que "todo romance policial se constrói sobre dois assassinatos; o primeiro, cometido pela assassino, é apenas a ocasião do segundo no qual ele é vítima do matador puro e impune, do detetive", e que "a narrativa... superpõe duas séries temporais: os dias do inquérito, que começam com o crime, e os dias do drama que levam a ele".

Na base do romance de enigma encontramos uma dualidade, e é ela que nos vai guiar para descrevê-lo. Esse ro-

mance não contém uma, mas duas histórias: a história do crime e a história do inquérito. Em sua forma mais pura, essas duas histórias não têm nenhum ponto comum. Eis as primeiras linhas de um desses romances "puros":
"Num cartãozinho verde leem-se estas linhas batidas à máquina:

Odell Margaret
Rua Setenta e Um, 184, Oeste. Assassinato. Estrangulada por volta das vinte e três horas. Apartamento saqueado. Joias roubadas. Corpo descoberto por Amy Gibson, camareira. (S. S. Van Dine, The *"Canary" Murder Case*)".

A primeira história, a do crime, terminou antes de começar a segunda. Mas que acontece na segunda? Pouca coisa. As personagens dessa segunda história, a história do inquérito, não agem, descobrem. Nada lhes pode acontecer: uma regra do gênero postula a imunidade do detetive. Não se pode imaginar Hercule Poirot ou Philo Vance ameaçados por um perigo, atacados, feridos, e ainda menos, mortos. As cento e cinquenta páginas que separam a descoberta do crime da revelação do culpado são consagradas a um lento aprendizado: examina-se indício após indício, pista após pista. O romance de enigma tende assim para uma arquitetura puramente geométrica: *Murder on the Orient Express* (Agatha Christie), por exemplo, apresenta doze personagens suspeitas: o livro consiste em doze, e de novo doze interrogatórios, prólogo e epílogo (isto é, descoberta do crime e descoberta do culpado).

Essa segunda história, a história do inquérito, goza pois de um estatuto todo particular. Não é por acaso que ela é frequentemente contada por um amigo do detetive, que reconhece explicitamente estar escrevendo um livro: ela consiste, de fato, em explicar como essa própria narrativa pode ser feita, como o próprio livro é escrito. A primeira história ignora totalmente o livro, isto é, ela nunca se confessa livresca (nenhum autor de romances policiais poderia permitir-se indicar ele mesmo o caráter imaginário da história, como acontece na literatura). Em compensação, a segunda história deve não só levar em conta a realidade do livro, mas ela é precisamente a história desse livro.

Podem-se ainda caracterizar essas duas histórias dizendo que a primeira, a do crime, conta "o que se passou efetivamente", enquanto a segunda, a do inquérito, explica "como o leitor (ou o narrador) tomou conhecimento dela". Mas essas definições não são mais as das duas histórias do romance policial, mas de dois aspectos de toda obra literária, que os formalistas russos tinham descoberto há quarenta anos. Eles distinguiam, de fato, a *fábula* e a *trama* de uma narrativa: a fábula é o que se passou na vida, a trama, a maneira como o autor no-lo apresenta. A primeira noção corresponde à realidade evocada, a acontecimentos semelhantes àqueles que se desenrolam em nossas vidas; a segunda, ao próprio livro, à narrativa, aos processos literários de que se serve o autor. Na fábula, não há inversão de tempo, as ações seguem sua ordem natural; na trama, o autor pode apresentar-nos os resultados antes das causas, o fim antes do começo. Essas duas noções não caracterizam duas partes da história ou duas histórias diferentes, mas dois aspectos de uma mesma história, são dois pontos de vista sobre a mesma coisa. Como acontece então que o romance policial chegue a explicitar as duas, a pô-las lado a lado?

Para explicar esse paradoxo, é preciso primeiramente lembrar o estatuto particular das duas histórias. A primeira, a do crime, é de fato a história de uma ausência: sua característica mais justa é que ela não pode estar imediatamente presente no livro. Por outras palavras, o narrador não pode transmitir-nos diretamente as réplicas das personagens que nela estão implicadas, nem descrever-nos seus gestos: para fazê-lo, deve passar necessariamente pelo intermediário de uma outra (ou da mesma) personagem que contará, na segunda história, as palavras ouvidas ou os atos observados. O estatuto da segunda é, como vimos, igualmente excessivo: é uma história que não tem nenhuma importância em si mesma, que serve somente de mediadora entre o leitor e a história do crime. Os teóricos do romance policial sempre concordaram em dizer que o estilo, nesse tipo de literatura, deve ser perfeitamente transparente, inexistente; sua única exigência é ser simples, claro, direto. Tentou-se mesmo – o que é significativo – suprimir inteiramente essa segunda história: um editor publicou verdadeiros arquivos, compostos de relatórios policiais, interrogatórios, fotos, impressões digitais, até mesmo mechas de cabelos; esses documentos "autênticos" deviam levar o leitor à descoberta do culpado (em caso de malogro, um envelope fechado, colado na última página, dava a resposta do jogo: por exemplo, o veredicto do juiz).

Trata-se pois, no romance de enigma, de duas histórias das quais uma está ausente mas é real, a outra presente mas insignificante. Essa presença e essa ausência explicam a existência das duas na continuidade da narrativa. A primeira comporta tantas convenções e processos literários (que não são outra coisa senão a "trama" da narrativa) que o autor não po de deixá-los sem explicação. Esses processos são, notemo-lo, essencialmente de dois tipos: inversões temporais e "visões" particulares: o teor de cada informação é determinado pela pessoa daquele que a transmite, não existe observação sem observador; o autor não pode, por definição, ser onisciente, como era no romance clássico. A segunda história aparece, pois, como um lugar onde se justificam e se "naturalizam" todos esses processos: para dar-lhe um ar "natural", o autor deve explicar que está escrevendo um livro! E é temendo que essa segunda história se torne opaca ela própria que ele joga uma sombra inútil sobre a primeira, que tanto se recomendou o estilo neutro e simples, tornado imperceptível.

Examinemos agora outro gênero no interior do romance policial, o que se criou nos Estados Unidos pouco antes e sobretudo depois da segunda guerra, e que foi publicado na França na "*série noire*"; podemos chamá-lo de romance negro, embora esse termo tenha também outra significação. O romance negro é um romance que funde as duas histórias ou, por outras palavras, suprime a primeira e dá vida à segunda. Não é mais um crime anterior ao momento da narrativa que se conta, a narrativa coincide com a ação. Nenhum romance negro é apresentado sob a forma de memórias: não há ponto de chegada a partir do qual o narrador abranja os acontecimentos passados, não sabemos se ele chegará vivo ao fim da história. A prospecção substitui a retrospecção.

Não há história a adivinhar; não há mistério, no sentido em que ele estava presente no romance de enigma. Mas o interesse do leitor não diminui por isso: nota-se aqui que existem duas formas de interesse completamente diferentes. A primeira pode ser chamada de curiosidade; sua caminhada vai do efeito à causa; a partir de certo efeito (um cadáver e certos indícios) é preciso encontrar a causa (o culpado e o que o levou ao crime). A segunda forma é o suspense e aqui se vai da causa ao efeito: mostram-nos primeiramente as causas, os dados iniciais (*gangsters* que preparam um golpe) e nosso interesse é sustentado pela espera do que vai acontecer, isto é, dos efeitos (cadáveres, crimes, dificuldades). Esse tipo de interesse era inconcebível no romance de enigma, pois suas personagens principais (o detetive e seu amigo, o narrador) eram, por definição, imunes: nada podia acontecer-lhes. A situação se inverte no romance negro: tudo é possível, e o detetive arrisca sua saúde, senão sua vida.

Apresentei a oposição entre romance de enigma e romance negro como uma oposição entre duas histórias e uma só; mas esta é uma classificação lógica e não histórica. O romance negro não necessita, para aparecer, de operar essa mudança precisa. Infelizmente para a lógica, os gêneros não se constituem em conformidade com as descrições estruturais; um gênero novo se cria em torno de um elemento que não era obrigatório no antigo: os dois codificam elementos diferentes. É por esta razão que a poética do classicismo se perdia na procura de uma classificação lógica dos gêneros. O romance negro moderno constituiu-se não em torno de um processo de apresentação, mas em torno do meio representado, em torno de personagens e costumes particulares; por outras palavras, sua característica constitutiva são seus temas. É assim que o descrevia, em 1945, Marcel Duhamel, seu promotor na França: aí encontramos "a violência – sob todas as formas, e mais particularmente as abominadas – o espancamento e o massacre". "A imoralidade está ali à vontade, tanto quanto os bons sentimentos." "Está também presente o amor – de preferência bestial – a paixão desenfreada, o ódio sem piedade..." Com efeito, é em torno dessas constantes que se constitui o romance negro: a violência, o crime geralmente sórdido, a amoralidade das personagens. Obrigatoriamente, também, a "segunda história", aquela que se desenrola no presente, ocupa aí um lugar central; mas a supressão da primeira não é um traço obrigatório: os primeiros autores da série negra, D. Hammet, R. Chandler, conservam o mistério; o importante é que ele terá aqui uma função secundária, subordinada e não mais central, como no romance de enigma.

Essa restrição quanto ao meio descrito distingue também o romance negro do romance de aventuras, embora esse limite não seja bem nítido. Podemos verificar que as propriedades até aqui enumeradas, o perigo, a perseguição, a luta, se acham também num romance de aventuras; no entanto, o romance negro conserva sua autonomia. É preciso levar em conta vários fatores: o relativo desaparecimento do romance de aventuras e sua substituição pelo romance de espionagem; em seguida, sua inclinação pelo maravilhoso e pelo exótico, que o aproximam, por um lado, da narrativa de viagens, e por outro, dos atuais romances de *science-fiction*; enfim, uma tendência para a descrição, que permanece completamente estranha ao romance policial. A diferença do meio e dos costumes descritos soma-se a essas outras distinções; e foi exatamente ela que permitiu ao romance negro constituir-se.

Um autor de romances policiais particularmente dogmático, S. S. Van Dine, enunciou, em 1828, vinte regras às quais deve conformar-se todo autor de romances policiais que se respeita. Essas regras foram frequentemente reproduzidas, desde então (veja-se, por exemplo, no livro já citado de Boileau e Narcejac) e foram, sobretudo, muito contestadas. Como não pretendemos prescrever um procedimento, mas descrever os gêneros do romance policial, é de nosso interesse aqui nos determos por um instante. Em sua forma original, essas regras são assaz redundantes, e podem facilmente ser resumidas nos oito pontos seguintes:

1. O romance deve ter no máximo um detetive e um culpado, e no mínimo uma vítima (um cadáver).
2. O culpado não deve ser um criminoso profissional; não deve ser o detetive; deve matar por razões pessoais.

3. O amor não tem lugar no romance policial.
4. O culpado deve gozar de certa importância:
   a) na vida: não ser um empregado ou uma camareira;
   b) no livro: ser uma das personagens principais.
5. Tudo deve explicar-se de modo racional; o fantástico não é admitido.
6. Não há lugar para descrições nem para análises psicológicas.
7. É preciso conformar-se à seguinte homologia, quanto às informações sobre a história: "autor: leitor = culpado: detetive".
8. É preciso evitar as situações e as soluções banais (Van Dine enumera dez delas).

Se compararmos esse inventário com a descrição do romance negro, descobriremos um fato interessante. Uma parte das regras de Van Dine diz respeito, aparentemente, a todo romance policial e outra ao romance de enigma. Essa divisão coincide, curiosamente, com o campo de aplicação das regras: as que concernem à referência, à vida representada (a "primeira história") limitam-se ao romance de enigma (regras 1-4a); as que se referem ao discurso, ao livro (a "segunda história"), são igualmente válidas para o romance negro (regras 4b-7; a regra 8 é de uma generalidade muito maior). Com efeito, no romance negro há frequentemente mais de um detetive (*The five cornered square* de Chester Hymes) e mais de um criminoso (*Du gâteau!* de J. H. Chase). O criminoso é quase obrigatoriamente um profissional e não mata por razões pessoais (assassino a soldo); além disso, é frequentemente um policial. O amor – "de preferência bestial" – aí encontra também lugar. Em compensação, as explicações fantásticas, as descrições e as análises psicológicas continuam banidas; o criminoso deve sempre ser uma das personagens principais. Quanto à regra 7, perdeu sua pertinência com o desaparecimento da história dupla. Isto nos prova que a evolução tocou principalmente a parte temática, referencial, e não a própria estrutura do discurso (Van Dine não notou a necessidade do mistério e, por conseguinte, da história dupla, considerando-a sem dúvida como óbvia).

Alguns traços à primeira vista insignificantes podem encontrar-se codificados num ou noutro tipo de romance policial: um gênero reúne particularidades situadas em diferentes níveis de generalidade. Assim o romance negro, avesso a toda e qualquer ênfase sobre os processos literários, não reserva suas surpresas para as últimas linhas do capítulo; enquanto o romance de enigma, que legaliza a convenção literária explicitando-a na sua "segunda história", terminará frequentemente o capítulo por uma revelação particularmente surpreendente ("É você o assassino", diz Poirot ao narrador em *Le meurtre de Roger Ackroyd*). Por outro lado, certos traços de estilo no romance negro são específicos do gênero. As descrições são feitas sem ênfase, friamente, mesmo se se descrevem fatos aterradores; pode-se dizer "com cinismo" ("Joe sangrava como um porco. Incrível que um velho possa sangrar a esse ponto"; Horace Mac Coy, *Kiss for ever good bye...*). As comparações conotam certa rudeza (descrição das mãos: "eu sentia que se alguma vez suas mãos agarrassem minha garganta, ele me faria esguichar sangue pelas orelhas": J. H. Chase, *Garces de femmes!*). Basta ler tal passagem para se ter certeza de ter entre as mãos um romance negro.

Não é de espantar que entre essas duas formas tão diferentes tenha podido surgir uma terceira, que combina suas propriedades: o romance de suspense. Do romance de enigma, ele conserva o mistério e as duas histórias, a do passado e a do presente; mas recusa-se a reduzir a segunda a uma simples detecção da verdade. Como no romance negro, é essa segunda história que toma aqui o lugar central. O leitor está interessado não só no que aconteceu, mas também no que acontecerá mais tarde, interroga-se tanto sobre o futuro quanto sobre o passado. Os dois tipos de interesse se acham pois aqui reunidos: existe a curiosidade de saber como se explicam os acontecimentos já passados; e há também o suspense: que vai acontecer às personagens principais? Essas personagens gozavam de imunidade, estamos lembrados, no romance de enigma; aqui elas arriscam constantemente a vida. O mistério tem uma função diferente daquela que tinha no romance de enigma: é antes um ponto de partida, e o interesse principal vem da segunda história, a que se desenrola no presente.

Historicamente, essa forma de romance policial apareceu em dois momentos: serviu de transição entre o romance de enigma e o romance negro; e existiu ao mesmo tempo que este. A esses dois períodos correspondem dois subtipos de romance de suspense. O primeiro, que se poderia chamar a "história do detetive vulnerável", é sobretudo atestada pelos romances de Hammet e de Chandler. Seu traço principal é que o detetive perde a imunidade, é espancado, ferido, arrisca constantemente a vida, em resumo, está integrado no universo das demais personagens, ao invés de ser um observador independente, como é o leitor (lembremo-nos da analogia detetive-leitor de Van Dine). Esses romances são habitualmente classificados como romances negros, por causa do meio que descrevem, mas vemos que sua estrutura os aproxima mais dos romances de suspense.

O segundo tipo de romance de suspense quis precisamente desembaraçar-se do meio convencional dos profissionais do crime, e voltar ao crime pessoal do romance de enigma, ao mesmo tempo que se conformava à nova estrutura. Resultou disso um romance que se poderia chamar de "história do suspeito-detetive". Nesse caso, um crime é cometido nas primeiras páginas e as suspeitas da polícia se inclinam para uma certa pessoa (que é a personagem principal). Para provar sua inocência, essa pessoa deve encontrar ela própria o verdadeiro culpado, mesmo se para tanto arriscar a própria vida. Pode-se dizer que, nesse caso, a personagem é ao mesmo tempo o detetive, o culpado (aos olhos da polícia) e a vítima (potencial, dos verdadeiros assassinos). Muitos romances de Irish, Patrik Quentin, Charles Williams são construídos segundo esse modelo.

É bastante difícil dizer se as formas que acabamos de descrever correspondem a etapas de uma evolução ou podem existir simultaneamente. O fato de podermos encontrar diversos tipos num mesmo autor, precedendo o grande florescimento do romance policial (como em Conan Doyle ou Maurice Leblanc), far-nos-ia optar pela segunda solução, tanto mais que essas três formas coexistem perfeitamente hoje. Mas é bastante notável que a evolução do romance policial, em suas grandes linhas, tenha seguido precisamente a sucessão dessas formas. Poder-se-ia dizer que, a partir de certo momento, o romance policial sente como um peso injustificado os constrangimentos de tal ou tal gênero e deles se desembaraça para constituir um novo código. A regra do gênero é sentida como um constrangimento a partir do momento em que ela se torna pura forma e não mais se justifica pela estrutura do conjunto. Assim, nos romances de Hammet e de Chandler, o mistério global se havia transformado em puro pretexto, e o romance negro que lhe sucedeu, dele se desembaraçou, para elaborar, de preferência, essa nova forma de interesse que é o suspense e se concentrar na descrição de um meio. O romance de suspense, que nasceu depois dos grandes anos do romance negro, sentiu esse meio como um atributo inútil, e só conservou o próprio suspense. Mas foi preciso, ao mesmo tempo, reforçar a intriga e restabelecer o antigo mistério. Os romances que tentaram dispensar tanto o mistério quanto o meio próprio à "série negra" – como, por exemplo, *Before the fact* de Francis Iles ou *Mr. Ripley* de Patricia Highsmith – são muito pouco numerosos para que se possa considerá-los como constituintes de um gênero à parte.

Chegamos aqui a uma última pergunta: que fazer dos romances que não entram em nossa classificação? Não é por acaso, parece-me, que romances como os que acabo de mencionar são julgados habitualmente pelo leitor como situados à margem do gênero, como uma forma intermediária entre o romance policial e o romance *tout court*. Se entretanto esta forma (ou outra) se tornar o germe de um novo gênero de livros policiais, não será este um argumento contra a classificação proposta: como já disse, o novo gênero não se constitui necessariamente a partir da negação do traço principal do antigo, mas a partir de um complexo de caracteres diferentes, sem preocupação de formar com o primeiro um conjunto logicamente harmonioso.

2. A NARRATIVA PRIMORDIAL

Existe uma imagem de uma narrativa simples, sadia e natural, uma narrativa primitiva que não conheceria os vícios das narrativas modernas. Os romancistas atuais se afastam da velha e boa narrativa, não seguem mais suas regras, por razões sobre as quais ainda não se chegou a um acordo: seria por perversidade inata da parte desses romancistas, ou por vã preocupação de originalidade, por obediência cega à moda?

Perguntamo-nos quais são as narrativas reais que permitiram tal indução. É muito instrutivo, de qualquer maneira, reler nessa perspectiva a *Odisseia*, essa primeira narrativa que deveria, *a priori*, corresponder melhor à imagem da narrativa primordial. Raramente se encontrarão, nas obras mais recentes, tantas "perversidades" acumuladas, tantos processos que fazem dessa obra tudo, salvo uma narrativa simples.

A imagem da narrativa primordial não é uma imagem fictícia, pré-fabricada para as necessidades de uma discussão. Ela está implícita tanto em certos julgamentos sobre a literatura atual quanto em certas observações eruditas sobre obras do passado. Fundamentando-se numa estética própria da narrativa primordial, os comentadores das narrativas antigas declaram estranha ao corpo da obra tal ou tal de suas partes; e, o que é pior, acreditam não se referirem a nenhuma estética particular. Precisamente, a propósito da *Odisseia*, onde não se dispõe de certeza histórica, essa estética determina as decisões dos eruditos sobre as "inserções" e as "interpolações".

Seria fastidioso enumerar todas as leis dessa estética. Lembremos algumas delas:

A lei da verossimilhança: todas as palavras, todas as ações de uma personagem devem concordar numa verossimilhança psicológica – como se, em todos os tempos, se tivesse julgado verossímil a mesma combinação de qualidades. Assim, dizem-nos: "Toda essa passagem era considerada como uma adição, desde a antiguidade, porque essas palavras parecem corresponder mal ao retrato de Nausica feito pelo poeta em outros trechos".

A lei da unidade dos estilos: o rasteiro e o sublime não podem misturar-se. Dir-nos-ão assim que tal passagem "indecorosa" deve ser naturalmente considerada como uma interpolação.

A lei da prioridade do sério: toda versão cômica de uma narrativa acompanha, temporalmente, sua versão séria; prioridade temporal também, do bom sobre o mau: é mais velha a versão que julgamos hoje melhor. "Essa entrada de Telêmaco em casa de Menelau é imitada da entrada de Ulisses em casa de Alcino, o que parece indicar que *A Viagem de Telêmaco* foi composta depois das *Narrativas da casa de Alcino*."

A lei da não contradição (pedra angular de toda crítica de erudição): se uma incompatibilidade referencial resulta da justaposição de duas passagens, pelo menos uma das duas é inautêntica. A ama de leite se chama Euricleia, na primeira parte da *Odisseia*, Eurinômia, na última; portanto as duas partes têm autores diferentes. Segundo a mesma lógica, as partes do *Adolescente* não poderiam ter sido escritas ambas por Dostoiévski. – Diz-se que Ulisses é mais novo que Nestor, ora, ele encontra Ifito que morreu durante a infância de Nestor: como poderia essa passagem não ser interpolada?

Do mesmo modo, deveriam excluir-se como inautênticas boa parte das páginas de *Em busca do tempo perdido*, onde o jovem Marcel parece ter várias idades no mesmo momento da história. Ou ainda: "Nesses versos, reconhece-se a costura inábil de uma longa interpolação; pois como Ulisses pode falar de ir dormir, já que fora combinado que ele partiria no mesmo dia?" Os diferentes atos de *Macbeth* também têm autores diferentes, já que se lê no primeiro que Lady Macbeth tinha filhos, e no último, que ela nunca os teve.

As passagens que não obedecem ao princípio da não contradição são inautênticas; mas não o é o próprio princípio?

A lei da não repetição (por mais difícil que seja acreditar que se possa imaginar tal lei estética): num texto autêntico, não há repetições. "A passagem que começa aqui vem repetir pela terceira vez a cena do tamborete e do banquinho que Antinoo e Eurímaco lançaram precedentemente contra Ulisses... Essa passagem pode pois, com bons motivos, ser considerada suspeita." Seguindo esse princípio, poder-se-ia cortar uma boa metade da *Odisseia* como suspeita ou então como "uma repetição chocante". É difícil entretanto imaginar uma descrição da epopeia que não levasse em conta essas repetições, de tal forma elas parecem ter um papel fundamental.

A lei antidigressiva: toda digressão da ação principal é acrescentada posteriormente, por um autor diferente. "Do verso 222 ao verso 286, insere-se aqui uma longa narrativa sobre a chegada imprevista de certo Teoclímeno, cuja genealogia nos seria indicada pormenorizadamente. Essa digressão, assim como as outras passagens que, mais adiante, dirão respeito a Teoclímeno, é pouco útil à marcha da ação principal". Ou ainda melhor: "Essa longa passagem, dos versos 394-466 que Victor Bérard (*Introduction à L'Odyssée*, I, p. 457) considera uma interpolação, parece ao leitor de hoje uma digressão não só inútil, mas também mal vinda, pois suspende a narrativa num momento crítico. Pode-se sem dificuldade excisá-la[1] do contexto". Pensemos no que restaria de um

---

[1]. "*Excisar*, tirar com um instrumento cortante: excisar um tumor" (*Petit Larousse*). (N. do A.)

Tristram Shandy se "excisássemos" todas as digressões que "interrompem tão desagradavelmente a narrativa"!

A inocência da crítica de erudição é, evidentemente, falsa; esta aplica conscientemente ou não, a toda narrativa, critérios elaborados a partir de algumas narrativas particulares (ignoro quais sejam). Mas há também uma conclusão mais geral a ser tirada: é que a narrativa primitiva não existe. Não há narrativa natural; toda narrativa é uma escolha e uma construção; é um discurso e não uma série de acontecimentos. Não existe uma narrativa "própria" em face das narrativas "figuradas" (como, aliás, não há sentido próprio); todas as narrativas são figuradas. Só existe o mito da narrativa própria; e, de fato, é uma narrativa duplamente figurada: a figura obrigatória é secundada por outra, que Dumarsais chamava de "corretivo": uma figura que ali está para dissimular a presença das outras figuras.

Antes do Canto

Examinemos, agora, algumas das propriedades da narrativa na *Odisseia*. E, para começar, tentemos caracterizar os tipos de discurso de que se utiliza a narrativa e que reencontramos na sociedade descrita pelo poema.

Existem dois grandes tipos de palavra, com propriedades tão diferentes que podemos perguntar-nos se pertencem realmente ao mesmo fenômeno: são a palavra-ação e a palavra-narrativa.

A palavra-ação: trata-se sempre, com efeito, de realizar um ato que não é simplesmente a enunciação dessas palavras. Esse ato é geralmente acompanhado, para aquele que fala, de um risco; e poderíamos definir melhor essa palavra como um *risco*. Não se deve ter medo para falar ("o terror os fazia enverdecer, e somente Eurímaco encontrava o que lhe responder"[2]). A piedade corresponde ao silêncio, a palavra se liga à revolta ("O homem deveria sempre evitar ser ímpio,

---

2. Aqui, como nas outras partes, cito a tradução francesa de Victor Bérard. (N. do A.)

e gozar *em silêncio* dos dons que enviam os deuses"). Existem talvez palavras piedosas que não comportam risco; mas, em princípio, falar é ser audacioso, ousar. Assim, as palavras de Ulisses, que não faltam com o respeito ao interlocutor, têm como resposta: "Miserável! Vou castigá-lo sem tardar! Vejam essa língua! Tu vens tagarelar aqui diante de todos esses heróis! Verdadeiramente, não tens medo!" etc. O próprio fato de alguém ousar falar justifica a constatação "não tens medo".

A passagem de Telêmaco da adolescência à virilidade é marcada quase unicamente pelo fato de ele começar a falar: "todos se espantavam de que, os dentes plantados nos lábios, Telêmaco ousasse lhes falar de tão alto". Falar é assumir uma responsabilidade, eis por que é também correr um perigo. O chefe da tribo tem direito de falar, os outros correm o risco de falar às suas custas.

Se a palavra-ação é considerada antes de tudo como um risco, a palavra-narrativa é uma *arte* – da parte do locutor, assim como um prazer para os dois comunicantes. Os discursos vão a par, aqui, não com os perigos mortais, mas com as alegrias e as delícias. "Deixai-vos ir, nessa sala, ao prazer dos discursos como às alegrias do festim!" "Eis as noites sem fim, que deixam lazer para o sono e para o prazer das histórias!"

Como o chefe de um povo era a encarnação do primeiro tipo de palavra, aqui um outro membro da sociedade torna-se seu campeão incontestado: o aedo. A admiração geral se dirige ao aedo porque ele sabe dizer bem; ele merece as maiores honras: "ele é tal que sua voz o iguala aos Imortais"; é uma felicidade ouvi-lo. Nunca um ouvinte comenta o conteúdo do canto, mas somente a arte do aedo e sua voz. Em troca, é impensável que Telêmaco, tendo subido à ágora para falar, seja recebido por observações sobre a qualidade de seu discurso; esse discurso é transparente e só se reage à sua referência: "Que orador de cabeça quente!... Telêmaco, vê lá, deixa teus projetos e tuas falas maldosas!" etc.

Notemos aqui que essa oposição entre a palavra que se considera justa e aquela que se qualifica de bela, desapareceu de nossa sociedade; pede-se hoje ao poeta, em princípio, que diga a verdade, discute-se a significação de suas palavras, não sua beleza. São duas reações totalmente diversas.

A palavra-narrativa, a palavra-arte encontra sua sublimação no canto das Sereias, que passa ao mesmo tempo além dessa dicotomia de base. As Sereias têm a mais linda voz da terra, e seu canto é o mais belo, sem ser entretanto diferente do do aedo. "Viste o público olhar para o aedo, inspirado pelos deuses para alegria dos mortais? Enquanto ele canta, a gente não quer outra coisa senão ouvi-lo, e para sempre!" Deixar o aedo enquanto ele canta já é difícil; e as Sereias são como um aedo que não se interrompe. O canto das Sereias é pois um grau superior da poesia, da arte do poeta. É preciso assinalar aqui, de modo especial, a reprodução desse canto por Ulisses. De que fala esse canto irresistível, que faz infalivelmente perecer os homens que o ouvem, tão grande é sua força de atração? É um canto que trata de si próprio. As Sereias só dizem uma coisa: que estão cantando: "Vem cá! Vem a nós! Ulisses tão louvado! A honra da Acaia! ... Para teu barco: vem escutar nossas vozes! Nunca uma nave negra dobrou nosso cabo sem ouvir as doces melodias que saem de nossos lábios..." A palavra mais bela é a que fala de si mesma.

Ao mesmo tempo, é a palavra que iguala o ato mais violento que existe: matar (-se). Aquele que ouve o canto das Sereias não pode sobreviver: cantar significa viver, se ouvir é igual a morrer. "Mas uma versão mais tardia da lenda, dizem os comentadores da *Odisseia*, pretendia que, de despeito, após a passagem de Ulisses, elas se tenham precipitado, do alto do rochedo, no mar." Se ouvir é igual a viver, cantar significa morrer. Aquele que fala sofre a morte se aquele que ouve lhe escapa. As Sereias fazem perecer aquele que as ouve porque, de outra forma, devem perecer elas próprias.

O canto das Sereias é, ao mesmo tempo, aquela poesia que deve desaparecer para que haja vida, e aquela realidade que deve morrer para que haja literatura. O canto das Sereias deve cessar para que um canto sobre as Sereias possa surgir. Se Ulisses não tivesse ouvido as Sereias, se tivesse perecido ao lado de seu rochedo, não teríamos conhecido seu canto: todos os que o tinham ouvido tinham morrido e não puderam retransmiti-lo. Ulisses, privando as Sereias de vida, deu-lhes a imortalidade. E Homero, o aedo cujo canto é tão belo que o confundimos com o das Sereias, pode contar-nos sua história como se fossem elas a fazê-lo.

A Palavra Fingida

Se procurarmos descobrir quais as propriedades internas que distinguem os dois tipos de palavra, duas oposições independentes aparecem. Primeiramente, no caso da palavra-ação, reage-se ao aspecto referencial do enunciado (como o vimos no caso de Telêmaco); se se trata de uma narrativa, o único aspecto que os interlocutores retêm parece ser o aspecto literal. A palavra-ação é percebida como uma informação, a palavra-narrativa como um discurso. Em segundo lugar, e isso parece contraditório, a palavra-narrativa pertence ao modo constatativo do discurso, enquanto a palavra-ação é sempre um performativo. É no caso da palavra-ação que o processo de enunciação toma uma importância primordial e se torna a referência primeira do enunciado; a palavra-narrativa trata de outra coisa e evoca a presença de um processo diferente do de sua enunciação. Contrariamente a nossos hábitos, a transparência vai a par com o performativo e a opacidade, com o constatativo.

O canto das Sereias não é o único que vem embaralhar essa configuração já complexa. A ela se acrescenta outro registro verbal, muito difundido na *Odisseia* e que se pode chamar de "a palavra fingida". São as mentiras proferidas pelas personagens.

A mentira faz parte de um caso mais geral que é o de toda palavra inadequada. Pode-se assim designar o discurso no qual se opera um desacordo visível entre a referência e o referente, entre o *designatum* e o *denotatum*. Ao lado da mentira, encontramos aqui os erros, o fantasma, o fantástico. Desde que se toma consciência desse tipo de discurso, percebe-se quão frágil é a concepção segundo a qual a significação de um discurso é constituída por seu referente.

As dificuldades começam quando procuramos saber a que tipo de palavra pertence a palavra fingida na *Odisseia*. Por um lado, ela só pode pertencer ao constatativo: somente a palavra constatativa pode ser verdadeira ou falsa, o performativo escapa a essa categoria. Por outro lado, falar para mentir não é igual a falar para constatar, mas para agir: toda mentira é necessariamente performativa. A palavra fingida é ao mesmo tempo narrativa e ação.

O constatativo e o performativo interpenetram-se constantemente. Mas essa interpenetração não anula a oposição ela mesma. No interior da palavra-narrativa, vemos agora dois polos distintos, se bem que haja uma passagem possível entre os dois: existe, por um lado, o próprio canto do aedo; nunca se falará de verdade e mentira a respeito dele; o que retém os ouvintes é unicamente o aspecto literal do enunciado. Por outro lado, veem-se múltiplas breves narrativas feitas pelas personagens umas para as outras ao longo da história, sem que por isso elas se tornem aedos. Essa categoria de discurso marca um grau na aproximação da palavra-ação: a palavra permanece aqui constatativa, mas toma também outra dimensão que é a do ato; toda narrativa é proferida para servir a um objetivo preciso que não é apenas o prazer dos ouvintes. O constatativo aparece aqui encaixado no performativo. Daí resulta o profundo parentesco da narrativa com a palavra fingida. Esbarra-se sempre na mentira, enquanto se está na narrativa. Dizer verdades é mentir.

Reencontramos essa palavra ao longo de toda a *Odisseia*. (Mas numa dimensão somente: as personagens mentem umas às outras, o narrador não nos mente nunca. As surpresas das personagens não são surpresas para nós. O diálogo do narrador com o leitor não é isomorfo ao das personagens.) A aparição da palavra fingida assinala-se por um traço particular: invoca-se necessariamente a verdade.

Telêmaco pergunta: "Mas vejamos, responde-me, *sem fingimento*, ponto por ponto; qual é teu nome, teu povo, tua cidade e tua raça?..." Atená, a deusa dos olhos glaucos, replicou: "Sim, vou responder-te *sem fingimento*. Eu me chamo Mentes: tenho a honra de ser filho do sábio Anquíalos e comando nossos bons remadores de Tafo" etc.

Telêmaco ele próprio mente ao guardador de porcos e à sua mãe, para esconder a chegada de Ulisses a Ítaca; e acompanha suas palavras de fórmulas tais como "gosto de *falar francamente*", "eis, minha mãe, toda a *verdade*".

Ulisses diz: "Não peço mais, Eumeu, que dizer imediatamente à filha de Ícaro, a sábia Penélope, *toda a verdade*". Segue-se um pouco mais tarde a narrativa de Ulisses diante de Penélope, toda feita de mentiras. Do mesmo modo, Ulisses encontrando seu pai Laertes: "Sim, vou responder-te *sem fingimento*". Seguem-se novas mentiras.

A invocação da verdade é um sinal de mentira. Essa lei parece tão forte que Eumeu, o guardador de porcos, dela deduz um correlato: a verdade traz, para ele, um indício de mentira. Ulisses lhe conta sua vida; essa narrativa é inteiramente inventada (e precedida, evidentemente, da fórmula: "vou responder-te sem fingimento"), exceto num pormenor: é que Ulisses continua vivo. Eumeu acredita em tudo mas acrescenta: "só há um ponto, sabes, que me parece inventado. Não! Não! Não acredito nos contos sobre Ulisses! Em tua condição, por que essas vastas mentiras? Estou bem informado sobre a volta do chefe! É o ódio de todos os deuses que o oprime..." A única parte da narrativa que ele chama de falsa é a única verdadeira.

As Narrativas de Ulisses

Vê-se que as mentiras aparecem mais frequentemente nas narrativas de Ulisses. Essas narrativas são numerosas e cobrem boa parte da *Odisseia*. A *Odisseia* não é pois uma simples narrativa, mas uma narrativa de narrativas. Ela consiste na explicitação das narrativas feitas pelas personagens. Ainda uma vez, nada de uma narrativa primitiva e natural; esta deveria, ao que parece, dissimular sua natureza de narrativa; enquanto a *Odisseia* não faz mais que exibi-la. Mesmo a narrativa proferida em nome do narrador não escapa a essa regra, pois existe, no interior da *Odisseia*, um aedo cego que canta, precisamente, as aventuras de Ulisses. Estamos diante de um discurso que não procura dissimular seu processo de enunciação, mas explicitá-lo. Ao mesmo tempo, essa explicitação revela rapidamente seus limites. Tratar do processo de enunciação no interior do enunciado é produzir um enunciado cujo processo de enunciação fica sempre por descrever. A narrativa que trata de sua própria criação nunca pode interromper-se, salvo arbitrariamente, pois resta sempre uma narrativa a fazer, resta sempre contar como essa narrativa que se está lendo e escrevendo pôde surgir. A literatura é infinita, no sentido de que trata sempre de sua criação. O esforço da narrativa, de se dizer por uma autorreflexão, só pode redundar num malogro; cada nova explicitação acrescenta uma nova camada àquela espessura que esconde o processo de enunciação. Essa vertigem infinita só cessará se o discurso obtiver uma perfeita opacidade: nesse momento, o discurso se diz sem que seja necessário falar dele próprio.

Em suas narrativas, Ulisses não experimenta esses remorsos. As histórias que ele conta formam, aparentemente, uma série de variações, pois à primeira vista ele trata sempre da mesma coisa: conta sua vida. Mas o teor da história muda segundo o interlocutor, que é sempre diferente: Alcino (nossa narrativa de referência), Atená, Eumeu, Telêmaco, Antinoo, Penêlope, Laertes. A multidão dessas narrativas faz de Ulisses não só uma encarnação viva da palavra fingida, mas permite também descobrir algumas constantes. Toda narrativa de Ulisses é determinada por seu fim, por seu ponto de chegada: serve para justificar a situação presente. Essas narrativas concernem sempre a algo já feito, e ligam um passado a um presente: devem terminar por um "eu – aqui – agora". Se essas narrativas divergem, é que as situações nas quais foram proferidas são diferentes. Ulisses aparece bem vestido diante de Atená e Laertes: a narrativa deve explicar sua riqueza. Inversamente, nos outros casos, ele está coberto de farrapos e a história contada deve justificar esse estado. O conteúdo do enunciado é inteiramente ditado pelo processo de enunciação: a singularidade desse tipo de discurso apareceria ainda mais fortemente se pensássemos naquelas narrativas mais recentes, onde não é o ponto de chegada mas o ponto de partida que é o único elemento fixo. Nelas, cada passo adiante é um passo no desconhecido, a direção a seguir é posta em questão a cada novo movimento. Aqui, é o ponto de chegada que determina o caminho a percorrer. A narrativa de *Tristram Shandy* não liga um presente a um passado, nem mesmo um passado a um presente, mas um presente a um futuro.

Há dois Ulisses na *Odisseia*: um que vive as aventuras, outro que as narra. É difícil dizer qual dos dois é a personagem principal. A própria Atená tem suas dúvidas. "Pobre eterno mentiroso! só tens fome de artimanhas! ... Voltas ao país e só pensas, ainda, nos contos de bandidos, nas mentiras caras ao teu coração desde a infância..." Se Ulisses leva tanto tempo a voltar para casa é que este não é seu desejo profundo: seu desejo é o do narrador (quem conta as mentiras de Ulisses, Ulisses ou Homero?). Ora, o narrador deseja narrar. Ulisses não quer voltar a Ítaca para que a história possa continuar. O tema da *Odisseia* não é a volta de Ulisses para Ítaca; essa volta é, pelo contrário, a morte da *Odisseia*, seu fim. O tema da *Odisseia* são as narrativas que formam a *Odisseia*, é a própria *Odisseia*. Eis por que, voltando a seu país, Ulisses não pensa nisso nem se alegra; ele só pensa nos "contos de bandidos e nas mentiras": ele pensa a *Odisseia*.

As narrativas mentirosas de Ulisses são uma forma de repetição, discursos diferentes dissimulam um referente idêntico. Outra forma de repetição é constituída pelo emprego particular do futuro na *Odisseia*, e que se pode chamar de profético. Trata-se, de novo, de uma identidade do referente: mas ao lado dessa semelhança com as mentiras, há também uma oposição simétrica: trata-se aqui de enunciados idênticos, cujos processos de enunciação diferem; no caso das mentiras, o processo de enunciação era idêntico, estando a diferença situada nos enunciados.

O futuro profético da *Odisseia* aproxima-se mais de nossa imagem habitual da repetição. Esse tempo do verbo se acha empregado unicamente em diversas espécies de predições, e é sempre secundado por uma descrição da realização da ação predita. A maior parte dos acontecimentos da *Odisseia* se acham assim contados duas ou várias vezes (a volta de Ulisses é predita muito mais de duas vezes). Mas essas duas narrativas dos mesmos acontecimentos não se acham no mesmo plano; opõem-se, no interior desse discurso que é a *Odisseia*, como um discurso a uma realidade. O futuro parece, com efeito, entrar numa oposição importante a todos os outros tempos do verbo, cujos termos são a ausência e a presença de uma realidade, do não discurso. Só o futuro existe apenas no interior do discurso; o presente e o passado se referem a um ato que não é o próprio discurso.

Podemos estabelecer várias subdivisões no interior do futuro profético. Primeiramente, do ponto de vista do estado ou da atitude do sujeito da enunciação. Às vezes, são os deuses que falam no futuro; esse futuro não é então uma suposição mas uma certeza, o que eles projetam se realizará. Assim acontece com Circe, Calipso ou Atená, que predizem a Ulisses o que lhe vai acontecer. Ao lado desse futuro divino, existe o futuro divinatório dos homens: os homens tentando ler os sinais que os deuses lhes enviam. Assim, uma águia passa: Helena se levanta e diz: "Eis qual é a profecia que um deus me lança no coração e que se realizará... Ulisses voltará à sua casa para vingar-se..." Outras múltiplas interpretações humanas dos sinais divinos acham-se dispersas na *Odisseia*. Afinal, são às vezes os homens que projetam seu futuro; assim Ulisses, no começo do canto 19, projeta até os mínimos detalhes a cena que se seguirá logo depois. A esse caso também pertencem algumas palavras imperativas.

As predições dos deuses, as profecias dos adivinhos, os projetos dos homens: todos se realizam, todos se revelam justos. O futuro profético não pode ser falso. Há entretanto um caso em que se produz essa combinação impossível: Ulisses, encontrando Telêmaco ou Penélope em Ítaca, prediz que Ulisses voltará ao país natal e reverá os seus. O futuro só é falso se o que se prediz é verdadeiro – já verdadeiro.

Uma outra gama de subdivisões nos é oferecida pelas relações do futuro com a instância do discurso. O futuro que se realizará no decorrer das páginas seguintes é apenas um desses tipos; chamemo-lo futuro prospectivo. Ao lado dele, existe o futuro retrospectivo; é o caso em que nos contam um acontecimento sem deixar de lembrar que ele fora previsto de antemão. Assim o Ciclope, ao saber que o nome de seu carrasco é Ulisses: "Ah! Miséria! vejo realizarem-se os oráculos de nosso velho adivinho!... Ele me havia predito o que me aconteceria e que pelas mãos de Ulisses eu seria cegado..." Assim Alcino, vendo seus barcos afundarem diante de sua própria cidade: "Ah! Miséria! vejo realizarem-se os oráculos dos velhos tempos de meu pai" etc. – Todo acontecimento não discursivo é apenas a realização de um discurso, a realidade é apenas uma realização.

Essa certeza na realização dos acontecimentos preditos afeta profundamente a noção de intriga. A *Odisseia* não comporta nenhuma surpresa; tudo é dito de antemão; e tudo o que é dito acontece. Isto a põe novamente em oposição fundamental às narrativas ulteriores, onde a intriga representa um papel muito mais importante e onde não sabemos nunca o que vai acontecer. Na *Odisseia*, não só o sabemos, mas no-lo dizem com indiferença. Assim, a propósito de Antinoo: "Será ele o primeiro a experimentar as flechas enviadas pela mão do eminente Ulisses" etc. Essa frase, que aparece no discurso do narrador, seria impensável num romance mais recente. Se continuamos a chamar intriga o fio seguido de acontecimentos no interior da história, é apenas por facilidade: que têm em comum a intriga de causalidade que nos é habitual com a intriga de predestinação própria da *Odisseia*?

3. OS HOMENS-NARRATIVAS

"Que é uma personagem senão um determinante da ação? Que é a ação senão a ilustração da personagem? Que é um quadro ou um romance que *não seja* uma descrição de caracteres? Que outra coisa neles procuramos, neles encontramos?"

Essas exclamações vêm de Henry James e se encontram em seu célebre artigo *The Art of Fiction* (1884). Duas ideias gerais vêm à luz através delas. A primeira concerne à ligação indefectível dos diferentes constituintes da narrativa: as personagens e a ação. Não há personagens fora da ação, nem ação independentemene de personagens. Mas, sub-repticiamente, uma segunda ideia aparece nas últimas linhas: se as duas estão indissoluvelmente ligadas, uma é entretanto mais importante que a outra: as personagens. Isto é, os caracteres, isto é, a psicologia. Toda narrativa é "uma descrição de caracteres".

É raro observar um caso tão puro de egocentrismo que se toma por universalismo. Se o ideal teórico de James era uma narrativa onde tudo está submetido à psicologia das personagens, é difícil ignorar a existência de toda uma tendência da literatura na qual as ações não existem para servir de "ilustração" à personagem mas onde, pelo contrário, as personagens estão submetidas à ação; e onde, por outro lado, a palavra "personagem" significa coisa bem diversa de uma coerência psicológica ou de uma descrição de caráter. Essa tendência da qual a *Odisseia* e o *Decameron*, *As Mil e Uma Noites* e o *Manuscrito Encontrado em Saragossa* são algumas das manifestações mais célebres, pode ser considerada como um caso-limite de apsicologismo literário. Tentemos observá-la de mais perto, tomando como exemplo as duas últimas obras[1].

Contentamo-nos, habitualmente, ao falar de livros como *As Mil e Uma Noites*, com dizer que a análise interna dos caracteres aí está ausente, que não há descrição dos estados psicológicos; mas essa maneira de descrever o apsicologismo não sai da tautologia. Seria preciso, para melhor caracterizar esse fenômeno, partir de uma certa imagem do andamento da narrativa, quando esta obedece a uma estrutura causal. Poder-se-ia então representar qualquer momento da narrativa sob a forma de uma oração simples, que entra em relação de consecução (notada por um +) ou de consequência (notada ⇒) com as orações precedentes e seguintes.

A primeira oposição entre a narrativa preconizada por James e a das *Mil e Uma Noites* pode ser assim ilustrada: se existe uma oração "X vê Y", o importante, para James, é X, para Sherazade, Y. A narrativa psicológica considera cada ação como uma via que abre acesso à personalidade daquele que age, como uma expressão senão como um sintoma. A ação não é considerada por si mesma, ela é *transitiva* com

[1]. O acesso aos textos desses livros coloca ainda sérios problemas. Conhece-se a história movimentada das traduções das *Mil e Uma Noites*; referir-nos-emos aqui à nova tradução de René Khawam (t. I: *Damas insignes e servidores galantes*; t. II: *Os corações desumanos*, Flammarion, 1965 e 1966); para os contos ainda não publicados nessa tradução, à de Galland (Garnier-Flammarion, t. I-III, 1965); para o texto de Potocki, que continua incompleto em francês, refiro-me ao *Manuscrito Encontrado em Saragossa* (Gallimard, 1958, 1967) e a *Avadoro, história espanhola* (t. I-IV Paris, 1813). (N. do A.)

relação a seu sujeito. A narrativa apsicológica, pelo contrário, caracteriza-se por suas ações intransitivas: a ação importa por ela mesma e não como indício de tal traço de caráter. As *Mil e Uma Noites* pertencem, pode-se dizer, a uma literatura *predicativa*: a ênfase recairá sempre sobre o predicado e não sobre o sujeito da oração. O exemplo mais conhecido desse obscurecimento do sujeito gramatical é a história de Sindbad, o marujo. Até mesmo Ulisses sai de suas aventuras mais determinado do que ele: sabe-se que ele é esperto, prudente etc. Nada disso pode ser dito de Sindbad: sua narrativa, embora conduzida na primeira pessoa, é impessoal; deveríamos anotá-la não como "X vê Y" mas como "Vê-se Y". Somente a mais fria das narrativas de viagem pode rivalizar, em impessoalidade, com as histórias de Sindbad; mas não qualquer narrativa de viagem: pensemos na *Viagem Sentimental*, de Sterne!

A supressão da psicologia se faz aqui no interior da oração narrativa; continua com mais êxito ainda no campo das relações entre orações. Certo traço de caráter provoca uma ação; mas há duas maneiras diferentes de fazê-lo. Poder-se-ia falar de uma causalidade *imediata* oposta a uma causalidade *mediatizada*. A primeira seria do tipo "X é corajoso ⇒ X desafia o monstro", Na segunda, a aparição da primeira oração não seria acompanhada de nenhuma consequência; mas, no decorrer da narrativa, X apareceria como alguém que age com coragem. É uma causalidade difusa, descontínua, que não se traduz por uma só ação, mas por aspectos secundários de uma série de ações, frequentemente afastadas uma das outras.

Ora, as *Mil e Uma Noites* não conhecem essa segunda causalidade. Só de passagem nos dizem que as irmãs da sultana são ciumentas, que põem um cachorro, um gato e um pedaço de pau no lugar dos filhos dela. Cassim é ávido: portanto, vai procurar dinheiro. Todos os traços de caráter são imediatamente causais; assim que aparecem, provocam uma ação. A distância entre o traço psicológico e a ação que ele provoca é aliás mínima; e mais que de uma oposição qualidade/ação, trata-se de uma oposição entre dois aspectos da ação: durativo/pontual ou iterativo/não iterativo. Sindbad gosta de viajar (traço de caráter) ⇒ Sindbad parte em viagem (ação): a distância entre os dois tende a uma redução total. Outra maneira de observar a redução dessa distância é procurar saber se uma mesma oração atributiva pode ter, no decurso da narrativa, várias consequências diferentes. Num romance do século XIX, a oração "X tem ciúmes de Y" pode ocasionar "X foge do mundo", "X se suicida", "X faz a corte a Y", "X prejudica Y". Nas *Mil e Uma Noites*, só há uma possibilidade: "X tem ciúmes de Y ⇒ X prejudica Y". A estabilidade da relação entre as duas orações priva o antecedente de toda autonomia, de todo sentido intransitivo. A implicação tende a se tornar uma identidade. Se os consequentes são mais numerosos, o antecedente terá maior valor próprio.

Toca-se aqui uma propriedade curiosa da causalidade psicológica. Um traço de caráter não é simplesmente a causa de uma ação nem simplesmente seu efeito: é as duas coisas ao mesmo tempo, assim como a ação. X mata sua mulher porque é cruel; mas é cruel porque mata sua mulher. A análise causal da narrativa não remete a uma origem, primeira e imutável, que seria o sentido e a lei das imagens ulteriores; por outras palavras, em estado puro, é preciso poder perceber essa causalidade fora da imagem do tempo linear. A causa não é um *antes* primordial, ela é apenas um dos elementos da dupla "causa-efeito" sem que um seja por isso mesmo superior ao outro.

Seria pois mais justo dizer que a causalidade psicológica reforça a causalidade das ações, do que dizer que ela não interfere nesta última. As ações se provocam umas às outras; e, por acréscimo, uma dupla causa-efeito psicológicos aparece, mas num plano diferente. Aqui podemos colocar a questão da coerência psicológica: esses suplementos caracteriais podem formar ou não um sistema. *As Mil e Uma Noites* oferecem novamente um exemplo extremo. Tomemos o famoso conto de Ali Babá. A mulher de Cassim, irmão de Ali Babá, está inquieta com o desaparecimento de seu marido. "Passou a noite em prantos." No dia seguinte, Ali Babá traz o corpo de seu irmão em pedaços e diz, à guisa de consolo: "Cunhada, eis aqui para vós um motivo de aflição, tanto mais que não o esperáveis. Embora o mal seja sem remédio, se alguma coisa entretanto for capaz de vos consolar, ofereço-vos de juntar os poucos bens que Deus me enviou aos vossos, desposando-vos..." Reação da cunhada: "Ela não recusou o partido, encarou-o pelo contrário como um motivo razoável de consolo. Enxugando as lágrimas que começara a verter com abundância, e suprimindo os gritos agudos comuns às mulheres que perderam os maridos, testemunhou suficientemente a Ali Babá que aceitava sua oferta..." (Galland, III). Assim passa do desespero à alegria a mulher de Cassim. Os exemplos semelhantes são inúmeros.

Evidentemente, contestando a existência de uma coerência psicológica, entra-se no domínio do bom senso. Existe, sem dúvida, uma outra psicologia onde esses dois atos consecutivos formam uma unidade psicológica. Mas *As Mil e Uma Noites* pertencem ao domínio do bom senso (do folclore); e a abundância dos exemplos basta para nos convencer de que não se trata aqui de outra psicologia, nem mesmo de uma antipsicologia mas de uma apsicologia.

A personagem não é sempre, como pretende James, o determinante da ação; e nem toda narrativa consiste numa "descrição de caracteres". Mas o que é então uma personagem? *As Mil e Uma Noites* nos dão uma resposta muito clara, que retoma e confirma o *Manuscrito Encontrado em Saragossa*: a personagem é uma história virtual que é a história de sua vida. Toda nova personagem significa uma nova intriga. Estamos no reino dos homens-narrativas.

Esse fato afeta profundamente a estrutura da narrativa.

Digressões e Encaixes

A aparição de uma nova personagem ocasiona infalivelmente a interrupção da história precedente, para que uma nova história, a que explica o "eu estou aqui agora" da nova personagem, nos seja contada. Uma história segunda é englobada na primeira; esse processo se chama *encaixe*.

Essa não é, evidentemente, a única justificativa do encaixe. *As Mil e Uma Noites* já nos oferecem outras: assim, em "O pescador e o djinn" (Khawam, II) as histórias encaixadas servem como argumentos. O pescador justifica sua falta de piedade para com o djinn pela história de Dubane; no interior desta, o rei defende sua posição pela do homem ciumento e o periquito; o vizir defende a sua pela do príncipe e do vampiro. Se as personagens permanecem as mesmas na história encaixada e na história encaixante, essa motivação mesmo é inútil: na "História das duas irmãs ciumentas da caçula" (Galland, III), a narrativa do afastamento dos filhos do sultão do palácio e de seu reconhecimento pelo sultão, engloba o da aquisição de objetos mágicos; a sucessão temporal é a única motivação. Mas a presença dos homens-narrativas é certamente a forma mais espetacular do encaixe.

A estrutura formal do encaixe coincide (e não se trata, como se vê, de uma coincidência gratuita) com a de uma forma sintática, caso particular da subordinação, à qual a linguística moderna dá precisamente o nome de encaixe (*embedding*); para desnudar essa estrutura, tomemos esse exemplo alemão (já que a sintaxe alemã permite encaixes muito mais eloquentes)[2]:

Derjenige, der den Mann, der den Pfahl, der auf der Brücke, der auf dem Weg, der nach Worms jührt, liegt, steht, umgeworfen hat, anzeigt, bekommt eine Belohnung. (Aquele que indicar a pessoa que derrubou o poste que se ergue sobre a ponte que se encontra no caminho que leva a Worms receberá uma recompensa.)

Na frase, a aparição de um nome provoca imediatamente uma oração subordinada que, por assim dizer, conta sua história; mas como essa segunda oração contém também um nome, pede por sua vez uma oração subordinada, e assim por diante, até uma interrupção arbitrária, a partir da qual se retoma, uma por vez, cada uma das orações interrompidas. A narrativa de encaixe tem exatamente a mesma estrutura, sendo o papel do nome representado pela personagem: cada nova personagem ocasiona uma nova história.

---

2. Tomo-o emprestado a Kl. Baumgartner, "Formale Erklarung poetischer Texte", in *Matematik und Dichtung*, Nymphenburger, 1965, p. 77. (N. do A.)

As Mil e Uma Noites contém exemplos de encaixe não menos vertiginosos. O *record* parece pertencer ao que nos oferece a história da mala sangrenta (Khawam, I). Com efeito, nela
Sherazade conta que
  Dja'far conta que
    o alfaiate conta que
      o barbeiro conta que
        seu irmão (ele tem seis) conta que...

A última história é uma história em quinto grau; mas é verdade que os dois primeiros graus são completamente esquecidos e não representam mais nenhum papel. O que não é o caso de uma das histórias do *Manuscrito Encontrado em Saragossa* (Avadoro, III) onde
Alphonse conta que
  Avadoro conta que
    Dom Lope conta que
      Busqueros conta que
        Frasqueta conta que...

e onde todos os graus, a partir do primeiro, estão estreitamente ligados e incompreensíveis se os isolamos uns dos outros[3].

Mesmo se a história encaixada não se liga diretamente à história encaixante (pela identidade das personagens), é possível que as personagens passem de uma história a outra. Assim, o barbeiro intervém na história do alfaiate (salva a vida do corcunda). Quanto a Frasqueta, ela atravessa todos os graus intermediários para chegar à história de Avadoro (é

---

3. Não me proponho estabelecer aqui tudo o que, no *Manuscrito Encontrado em Saragossa*, vem das *Mil e Uma Noites*, mas é certamente uma grande parte. Contento-me com assinalar algumas das coincidências mais evidentes: os nomes de Zibedé e Ermina, as duas irmãs maléficas, lembram os de Zobeida e Amina ("História dos três calênderes...", Galland, I); o tagarela Busqueros que impede o encontro de Dom Lope está ligado ao barbeiro tagarela que realiza a mesma ação (Khawam, I); a mulher encantadora que se transforma em vampiro está presente em "O príncipe e o vampiro" (Khawam, II); as duas mulheres de um homem que se refugiam, na sua ausência, no mesmo leito, aparecem na "História dos amores de Camaralzaman" (Galland, II) etc. Mas essa não é evidentemente a única fonte do *Manuscrito*. (N do A.)

ela a amante do cavaleiro de Toledo); o mesmo acontece com Busqueros. Essas passagens de um grau a outro têm um efeito cômico no *Manuscrito*.

O processo de encaixe chega a seu apogeu com o auto encaixe, isto é, quando a história encaixante se encontra, num quinto ou sexto grau, encaixada por ela mesma. Esse "desnudamento do processo" se apresenta tanto nas *Mil e Uma Noites* quanto no *Manuscrito*; e conhece-se o comentário que faz Borges a respeito do primeiro texto: "Nenhuma [interpolação] é mais perturbadora que a da seiscentésima segunda noite, noite mágica entre as noites. Essa noite, o rei ouve da boca da rainha sua própria história. Ouve a história inicial, que abrange todas as outras, que – monstruosamente – abrange a si mesma... Se a rainha continuar, o rei imóvel ouvirá para sempre a história truncada das *Mil e Uma Noites*, daí por diante infinita e circular..." Da mesma forma, no fim do *Manuscrito*, Alphonse, a personagem principal, descobre um manuscrito que contém a história que ele acaba de nos contar. A vertigem das narrativas se torna angustiante; e nada escapa mais ao mundo narrativo, recobrindo o conjunto da experiência.

A importância do encaixe se encontra indicada pelas dimensões das histórias encaixadas. Pode-se falar de digressões quando essas são mais longas que a história da qual se afastam? Pode-se considerar como uma digressão, como um encaixe gratuito todos os contos das *Mil e Uma Noites*, porque estão todos encaixados na história de Sherazade? O mesmo acontece no *Manuscrito*: enquanto a história de base parecia ser a de Alphonse, é o loquaz Avadoro que finalmente recobre com suas narrativas mais de três quartos do livro.

Mas qual é a significação interna do encaixe, por que todos esses meios se encontram reunidos para lhe dar importância? A estrutura da narrativa nos fornece a resposta: o encaixe é uma explicitação da propriedade mais profunda de toda narrativa. Pois a narrativa encaixante é a *narrativa de uma narrativa*. Contando a história de uma outra narrativa, a primeira atinge seu tema essencial e, ao mesmo tempo, se reflete nessa imagem de si mesma; a narrativa encaixada é ao mesmo tempo a imagem dessa grande narrativa abstrata da qual todas as outras são apenas partes ínfimas, e também da narrativa encaixante, que a precede diretamente. Ser a narrativa de uma narrativa é o destino de toda narrativa que se realiza através do encaixe.

As Mil e Uma Noites revelam e simbolizam essa propriedade da narrativa com uma nitidez particular. Diz-se frequentemente que o folclore se caracteriza pela repetição de uma mesma história; com efeito, não é raro, num dos contos árabes, que a mesma aventura seja contada duas vezes, senão mais. Mas essa repetição tem uma função precisa, que se ignora: ela serve não somente a reiterar a mesma aventura mas também a introduzir a narrativa que dela faz uma personagem; ora, na maior parte das vezes, é a narrativa que importa para o desenvolvimento ulterior da intriga. Não é a aventura vivida pela rainha Badur que a faz merecer as graças do rei Armanos mas a narrativa que ela lhe faz ("História dos amores de Camaralzaman", Galland, II). Se Tormenta não pode fazer avançar sua própria intriga, é que não lhe permitem contar sua história ao califa ("História de Ganem", Galland, II). O príncipe Firuz ganha o coração da princesa de Bengala, não por viver sua aventura, mas por contá-la ("História do cavalo encantado", Galland, III). O ato de contar nunca é, nas *Mil e Uma Noites*, um ato transparente; pelo contrário, é ele que faz avançar a ação.

Loquacidade e curiosidade. Vida e morte

A opacidade do processo de enunciação recebe, no conto árabe, uma interpretação que não deixa dúvidas quanto à sua importância. Se todas as personagens não cessam de contar histórias, é que esse ato recebeu uma suprema consagração: contar é igual a viver. O exemplo mais evidente é o de Sherazade ela própria, que vive unicamente na medida em que pode continuar a contar; mas essa situação é repetida constantemente no interior do conto. O dervixe mereceu a cólera de um ifrit; mas contando-lhe a história do invejoso, obtém sua graça ("O carregador e as damas", Khawam, I). O escravo cometeu um crime; para salvar sua vida, seu mestre só tem um caminho: "Se me contares uma história mais espantosa que esta, perdoarei a teu escravo. Senão, ordenarei que seja morto", diz o califa ("A mala sangrenta", Khawam, I). Quatro pessoas são acusadas do assassínio de um corcunda; uma delas, inspetor, diz ao rei: "Ó Rei afortunado, tu nos farás o dom da vida se eu te contar a aventura que me aconteceu ontem, antes que eu encontrasse o corcunda, introduzido por artimanha em minha própria casa? Ela é certamente mais espantosa que a história desse homem. – Se ela é como tu dizes, concederei a vida aos quatro, respondeu o Rei". ("Um cadáver itinerante" Khawam, I).

A narrativa é igual à vida; a ausência de narrativa, à morte. Se Sherazade não encontrar mais contos a narrar, será executada. É o que acontece ao médico Dubane quando ele é ameaçado de morte. Ele pede ao rei a permissão de contar a história do crocodilo; a permissão lhe é recusada e ele morre. Mas Dubane se vinga pelo mesmo meio e a imagem dessa vingança é uma das mais belas das *Mil e Uma Noites*: oferece ao rei impiedoso um livro que este deve ler enquanto cortam a cabeça de Dubane. O carrasco faz seu trabalho; a cabeça de Dubane diz:

"– Ó rei, podes compulsar o livro".

O rei abriu o livro. Encontrou as páginas coladas umas às outras. Pôs o dedo na boca, umedeceu-o de saliva e virou a primeira página. Depois virou a segunda e as seguintes. Continuou a agir do mesmo modo, abrindo as páginas com dificuldade, até que chegou à sétima folha. Olhou a página e não viu nada escrito:

– Ó médico, disse ele, não vejo nada escrito nesta folha.

– Vira ainda as páginas, respondeu a cabeça.

Abriu outras páginas e ainda não encontrou nada.

Um curto momento mal se tinha passado quando a droga penetrou nele: o livro estava impregnado de veneno. Deu então um passo, vacilou sobre as pernas e inclinou-se para o solo..." ("O pescador e o djinn", Khawam, II).

A página branca é envenenada. O livro que não conta nenhuma narrativa mata. A ausência de narrativa significa a morte.

Ao lado dessa ilustração trágica do poder da não narrativa, eis uma outra, mais agradável: um dervixe contava a todos os passantes qual era o meio de se apoderar do pássaro que fala; mas estes tinham todos malogrado, e se haviam transformado em pedras negras. A princesa Parizade é a primeira a se apoderar do pássaro, e ela liberta os outros infelizes candidatos. "A multidão quis ver o dervixe na passagem, agradecer-lhe a boa acolhida e os conselhos salutares que tinham achado sinceros; mas ele tinha morrido e não se pode saber se fora de velhice ou porque ele não era mais necessário para ensinar o caminho que conduzia à conquista das três coisas das quais a princesa Parizade acabava de triunfar" ("História das duas irmãs", Galland, III). O homem é apenas uma narrativa; desde que a narrativa não seja mais necessária, ele pode morrer. É o narrador que o mata, pois ele não tem mais função.

Enfim, a narrativa imperfeita também é igual, nessas circunstâncias, à morte. Assim, o inspetor que pretendia contar uma história melhor que a do corcunda termina-a dirigindo-se ao rei: "Tal é a história espantosa que eu queria te contar, tal é a narrativa que ouvi ontem e que te conto hoje com todos os detalhes. Não é ela mais prodigiosa que a aventura do corcunda? – Não, não é, e tua afirmação não corresponde à realidade, respondeu o rei da China. Vou mandar enforcar os quatro" (Khawam, I). Três jovens damas de Bagdá recebem em sua casa homens desconhecidos; elas lhes põem uma única condição, como recompensa dos prazeres que os esperam: "sobre tudo o que virdes, não peçais nenhuma explicação". Mas o que os homens veem é tão estranho que eles pedem às três damas que contem sua história. Mal formulam esse desejo e as damas chamam seus escravos. "Cada um deles escolheu seu homem, precipitou-se sobre ele e o derrubou por terra batendo-lhe com a parte chata do sabre." Os homens devem ser mortos pois o pedido de uma narrativa, a curiosidade, é passível de morte. Como sairão eles dessa? Graças à curiosidade de seus carrascos. Com efeito, uma das damas diz: "Eu lhes permito sair para seguir o caminho de seus destinos sob condição de cada um contar sua história, narrar a série de aventuras que os trouxeram a nos visitar em nossa casa. Se eles recusarem, vós lhes cortareis a cabeça". A curiosidade do receptor, quando não é igual à sua própria morte, devolve a vida aos condenados; estes, em compensação, não podem escapar, salvo se contarem uma história. Enfim, terceira reviravolta: o califa que, disfarçado, estava entre os convidados das damas, convoca-as no dia seguinte em seu palácio; perdoa-lhes tudo; mas com uma condição: contar... As personagens desse livro são obcecadas pelos contos; o grito das *Mil e Uma Noites* não é "A bolsa ou a vida!" mas "Uma narrativa ou a vida!"

Essa curiosidade é fonte ao mesmo tempo das inúmeras narrativas e dos incessantes perigos. O dervixe pode viver feliz em companhia dos dez rapazes, todos vesgos do olho direito, com uma única condição: "não faças nenhuma pergunta indiscreta nem sobre nossa enfermidade nem sobre nosso estado". Mas a pergunta é feita e a calma desaparece. Para procurar a resposta, o dervixe vai a um palácio magnífico; vive aí como um rei, cercado de quarenta belas damas. Um dia elas se vão, pedindo-lhe que, se ele quiser continuar naquela ventura, não entre em certo cômodo; elas o previnem: "Temos muito medo de que não possas te defender da curiosidade indiscreta que será a causa de tua infelicidade". Está claro que, entre a felicidade e a curiosidade, o dervixe escolhe a curiosidade. Da mesma forma Sindbad, apesar de todas as suas infelicidades, parte novamente depois de cada viagem: ele quer que a vida lhe conte novas e novas narrativas.

O resultado palpável dessa curiosidade são as *Mil e Uma Noites*. Se as personagens tivessem preferido a felicidade, o livro não teria existido.

A Narrativa: Suplente e Suprido[4]

Para que as personagens possam viver, devem contar. É assim que a primeira narrativa se subdivide e se multiplica em mil e uma noites de narrativas. Tentemos agora colocar-nos no ponto de vista oposto, não mais o da narrativa encaixante, mas o da narrativa encaixada, e perguntar-nos: por que essa última precisa ser retomada em outra narrativa? Como explicar que ela não baste a si própria, mas que tenha neces-

4. Devo agradecer aqui a Jacques Derrida. (N. do A.)

sidade de um prolongamento, de uma moldura na qual ela se torna a simples parte de outra narrativa?

Se assim se considera a narrativa, não como englobando outras narrativas, mas como se englobando a si própria, uma curiosa propriedade vem à luz. Cada narrativa parece ter alguma coisa *demais*, um excedente, um suplemento, que fica fora da forma fechada produzida por seu desenrolar. Ao mesmo tempo, e por isso mesmo, esse algo mais próprio da narrativa é também algo menos; o suplemento é também uma falta; para suprir a falta criada pelo suplemento, uma outra narrativa se faz necessária. Assim a narrativa do rei ingrato, que faz perecer Dubane depois de este lhe ter salvado a vida, tem qualquer coisa a mais que a própria narrativa; é aliás por essa razão, em vista desse suplemento, que o pescador a conta; suplemento que pode ser resumido numa fórmula: não se deve ter piedade do ingrato. O suplemento pede para ser integrado noutra história; assim, ele se torna o simples argumento utilizado pelo pescador quando este vive aventura semelhante à de Dubane, com relação ao djinn. Mas a história do pescador e do djinn tem também um suplemento, que exige uma nova narrativa; e não há nenhuma razão para que isso pare em algum ponto. A tentativa de suprir é portanto vã: sempre haverá um suplemento que espera uma narrativa futura.

Esse suplemento toma várias formas nas *Mil e Uma Noites*. Uma das mais conhecidas é a do argumento, como no exemplo precedente: a narrativa se torna um meio de convencer o interlocutor. Por outro lado, nos níveis mais elevados de encaixe, o suplemento se transforma numa simples fórmula verbal, numa sentença, destinada tanto ao uso das personagens quanto ao dos leitores. Enfim, uma integração maior do leitor é igualmente possível (mas ela não é característica das *Mil e Uma Noites*): um comportamento provocado pela leitura é também um suplemento; e uma lei se instaura: quanto mais esse suplemento é consumido no interior da narrativa, menos essa narrativa provoca reação da parte do leitor. Chora-se à leitura de *Manon Lescaut* mas não à das *Mil e Uma Noites*.

131

Eis um exemplo de sentença moral. Dois amigos discutem acerca da origem da riqueza: basta ter dinheiro como ponto de partida? Segue-se a história que ilustra uma das teses defendidas; e no fim, conclui-se: "O dinheiro não é sempre um meio seguro de se juntar mais e ficar rico". ("História de Cogia Hassan Alhabbal", Galland, III.)

Da mesma forma que para a causa e o efeito psicológicos, impõe-se pensar aqui essa relação lógica fora do tempo linear. A narrativa precede ou acompanha a máxima, ou as duas coisas ao mesmo tempo. Assim, no *Decameron*, certas novelas foram criadas para ilustrar uma metáfora (p. ex., "raspar o tonel") e ao mesmo tempo elas a criam. E vão perguntar hoje se foi a metáfora que engendrou a narrativa ou a narrativa que engendrou a metáfora. Borges propôs mesmo uma explicação inversa da existência do livro todo: "Essa invenção [as narrativas de Sherazade] ... é, segundo parece, posterior ao título e foi imaginada para o justificar". A questão da origem não se coloca: estamos fora da origem e incapazes de a pensar. A narrativa suprida não é mais original que a narrativa suplente; nem o inverso; cada uma delas remete à outra, numa série de reflexos que não pode chegar ao fim, salvo se se tornar eterna: assim por autoencaixe.

Tal é o jorrar incessante de narrativas nessa maravilhosa máquina de contar que são *As Mil e Uma Noites*. Toda narrativa deve tornar explícito seu processo de enunciação; mas para tanto é necessário que uma nova narrativa apareça, na qual esse processo de enunciação é apenas uma parte do enunciado. Assim a história contante torna-se sempre também uma história contada, na qual a nova história se reflete e encontra sua própria imagem. Por outro lado, toda narrativa deve criar outras; no interior dela mesma, para que suas personagens possam viver; e no exterior dela mesma, para que seja consumado o suplemento que ela comporta inevitavelmente. Os múltiplos tradutores das *Mil e Uma Noites* parecem todos ter sofrido o poder dessa máquina narrativa: nenhum pôde contentar-se com uma tradução simples e fiel do original; cada tradutor acrescentou e suprimiu histórias (o que é também uma maneira de criar novas narrativas, sendo a narrativa sempre uma seleção); o processo de enunciação reiterado, a tradução representa ela mesma um novo conto que não espera mais seu narrador: Borges contou uma parte deles em "Os tradutores das *Mil e Uma Noites*".

Há portanto tantas razões para que as narrativas não parem nunca que nos perguntamos involuntariamente: que acontece antes da primeira narrativa? que acontece depois da última? *As Mil e Uma Noites* não deixaram de dar uma resposta, resposta irônica para aqueles que querem conhecer o antes e o depois. A primeira história, a de Sherazade, começa por estas palavras, válidas em todos os sentidos (mas não se deveria abrir o livro para procurá-las, deveríamos adivinhá-las, tão bem estão em seu lugar): "Conta-se..." Inútil procurar a origem das narrativas no tempo, é o tempo que se origina nas narrativas. E se antes da primeira narrativa há "contou-se", depois da última haverá "contar-se-á": para que a história pare, devem dizer-nos que o califa maravilhado ordena que a inscrevam em letras de ouro nos anais do reino; ou ainda que "essa história... se espalhou e foi contada em toda parte em seus mínimos detalhes".

4. A GRAMÁTICA DA NARRATIVA

O emprego metafórico de que usufruem termos como "linguagem", "gramática", "sintaxe" etc. faz-nos esquecer habitualmente que estas palavras poderiam ter um sentido preciso, mesmo quando não dizem respeito a uma língua natural. Já que nos propusemos a tratar de "gramática da narrativa", devemos precisar inicialmente que sentido toma aqui a palavra "gramática".

Desde os primeiros passos da reflexão sobre a linguagem, uma hipótese apareceu, segundo a qual, para além das diferenças evidentes das línguas, poder-se-ia descobrir uma estrutura comum. As pesquisas sobre essa gramática universal se prosseguiram, com êxito desigual, durante mais de vinte séculos. Antes da época atual, seu auge se situa sem dúvida nos modistas do século XIII e XIV; eis como um deles, Robert Kylwardby, formulava seu credo: "A gramática só pode ser uma ciência se for única para todos os homens. É por acidente que a gramática enuncia regras próprias a uma língua particular, como o latim ou o grego; da mesma forma que a geometria não cuida de linhas ou de superfícies concretas, assim a gramática estabelece a correção do discurso enquanto esse faz abstração da linguagem real [o uso atual nos faria inverter aqui os termos discurso e linguagem]. O objeto da gramática é o mesmo para todo o mundo"[1].

Mas, se admitimos a existência de uma gramática universal, não devemos mais limitá-la exclusivamente às línguas. Ela teria, visivelmente, uma realidade psicológica; pode-se citar aqui Boas, cujo testemunho toma maior valor pelo fato de seu autor ter inspirado precisamente a linguística antiuniversalista: "A aparição dos conceitos gramaticais fundamentais em todas as línguas deve ser considerada como a prova da unidade dos processos psicológicos fundamentais" (*Handbook*, I, p. 71). Essa realidade psicológica torna plausível a existência da mesma estrutura fora da própria língua.

Tais são as premissas que nos autorizam a procurar essa mesma gramática universal no estudo de atividades simbólicas do homem, diferentes da língua natural. Como essa gramática continua sendo uma hipótese, é evidente que os resultados de um estudo sobre tal atividade serão pelo menos tão pertinentes para seu conhecimento quanto os de uma pesquisa sobre o francês, por exemplo. Infelizmente, existem poucas explorações avançadas da gramática das atividades simbólicas; um dos raros exemplos que se podem citar é o de Freud e seu estudo da linguagem onírica. Aliás, os linguistas nunca tentaram levar em conta essa gramática quando se interrogam sobre a natureza da gramática universal.

Uma teoria da narrativa contribuiria pois, igualmente, para o conhecimento dessa gramática, na medida em que a narrativa é uma daquelas atividades simbólicas. Instaura-se aqui uma relação de duplo sentido: podem-se tomar categorias ao rico aparato conceitual dos estudos sobre as línguas; mas, ao mesmo tempo, é preciso evitar seguir docilmente as teorias correntes sobre a linguagem: pode ser que o estudo

---

[1]. Citado por G. Wallerand, *Les Œuvres de Siger de Courtray* (Les philosophes belges, VIII), Louvain, Institut Supérieur de Philosophie de l'Université, 1913; cf. sobretudo pp. 42-56. (N. do A.)

da narração nos faça corrigir a imagem da língua tal qual ela se encontra nas gramáticas.

Gostaria de ilustrar aqui, com alguns exemplos, os problemas que se põem no trabalho de descrição das narrativas, quando esse trabalho se situa em tal perspectiva[2].

1. Tomemos inicialmente o problema das partes do discurso. Toda teoria semântica das partes do discurso deve fundar-se sobre a distinção entre descrição e denominação. A linguagem preenche igualmente as duas funções, e sua interpretação no léxico nos faz frequentemente esquecer sua diferença. Se digo "o menino", essa palavra serve para descrever um objeto, enumerar-lhe as características (idade, tamanho etc); mas ao mesmo tempo permite-me identificar uma unidade espaço-temporal, dar-lhe um nome (em particular, aqui, pelo artigo). Essas duas funções estão distribuídas irregularmente na língua: os nomes próprios, os pronomes (pessoais, demonstrativos etc.), o artigo, servem antes de tudo à denominação, enquanto o substantivo comum, o verbo, o adjetivo e o advérbio são principalmente descritivos. Mas trata-se apenas de uma predominância, eis por que é útil conceber a descrição e a denominação como derivadas, digamos, do nome próprio e do substantivo comum; essas partes do discurso são apenas uma forma quase acidental daqueles. Assim se explica o fato de que os nomes comuns possam facilmente se tornar próprios (Campinas) e inversamente (um Pelé): cada uma das duas formas serve aos dois processos, mas em graus diferentes.

Para estudar a estrutura da intriga de uma narrativa, devemos primeiramente apresentar essa intriga sob a forma de um resumo, em que cada ação distinta da história corresponda a uma oração. Ver-se-á nesse caso que a oposição entre denominação e descrição é muito mais nítida aqui do que na língua. Os agentes (sujeitos e objetos) das orações serão sempre nomes próprios (convém lembrar que o sentido primeiro

---

2. As narrativas particulares às quais me refiro são todas tiradas do *Decameron* de Boccacio. O algarismo romano indicará a jornada, o algarismo arábico, a novela. Para um estudo mais detalhado dessas narrativas, consultar-se-á nossa *Grammaire du Décaméron*, a ser publicada proximamente por Mouton, de Haia. (N. do A.)

de "nome próprio" não é "nome que pertence a alguém" mas "nome no sentido próprio", "nome por excelência"). Se o agente de uma oração é um substantivo comum, devemos submetê-lo a uma análise que distinguirá, no interior de uma mesma palavra, seu aspecto denominativo e descritivo. Dizer, como faz frequentemente Boccacio, "o rei da França" ou "a viúva" ou "o criado", é ao mesmo tempo identificar uma única pessoa e descrever algumas de suas propriedades. Tal expressão iguala uma oração inteira: seus aspectos descritivos formam o predicado da oração, seus aspectos denominativos constituem seu sujeito. "O rei da França parte em viagem" contém, de fato, duas orações: "X é rei da França" e "X parte em viagem", onde X representa o papel de nome próprio, mesmo se esse nome está ausente da novela. O agente não pode ser provido de nenhuma propriedade; é antes uma forma vazia que diferentes predicados vêm preencher. Ele não tem mais sentido do que um pronome como "aquele" em "aquele que corre" ou "aquele que é corajoso". O sujeito gramatical é sempre vazio de propriedades internas; essas não podem vir senão de uma junção provisória com um predicado.

Conservaremos pois a descrição unicamente no interior do predicado. Para distinguir agora várias classes de predicados, devemos olhar de mais perto a construção das narrativas. A intriga mínima completa consiste na passagem de um equilíbrio a outro. Uma narrativa ideal começa por uma situação estável que uma força qualquer vem perturbar. Disso resulta um estado de desequilíbrio; pela ação de uma força dirigida em sentido inverso, o equilíbrio é restabelecido; o segundo equilíbrio é semelhante ao primeiro, mas os dois nunca são idênticos.

Existem, por conseguinte, dois tipos de episódios numa narrativa: os que descrevem um estado (de equilíbrio ou de desequilíbrio) e os que descrevem a passagem de um estado a outro. O primeiro tipo será relativamente estático e, pode-se dizer, iterativo: o mesmo tipo de ações poderia ser repetido indefinidamente. O segundo, em compensação, será dinâmico e só se produz, em princípio, uma única vez.

Essa definição dos dois tipos de episódios (e portanto de orações que os designam) nos permite aproximá-los de duas partes do discurso, o adjetivo e o verbo. Como se tem notado frequentemente, a oposição entre verbo e adjetivo não é a de uma ação sem medida comum com uma qualidade, mas a de dois aspectos, provavelmente iterativo e não iterativo. Os "adjetivos" narrativos serão pois aqueles predicados que descrevem estados de equilíbrio ou de desequilíbrio, os "verbos", aqueles que descrevem a passagem de um a outro.

Poderia surpreender o fato de que nossa gramática da narrativa não comporte substantivos. Mas o substantivo pode sempre ser reduzido a um ou vários adjetivos, como já o notaram certos linguistas. Assim, H. Paul escreve: "O adjetivo designa uma propriedade simples ou que é representada como simples; o substantivo contém um complexo de propriedades" (*Prinzipien der Sprachgeschichte*, § 251). Os substantivos no *Decameron* se reduzem quase sempre a um adjetivo; assim "gentil-homem" (II, 6; II, 8; III, 9), "rei" (X, 6; X, 7), "anjo" (IV, 2) refletem todos uma só propriedade que é "ser de boa linhagem". É preciso notar aqui que as palavras pelas quais designamos tal ou tal propriedade ou ação não são pertinentes para determinar a parte do discurso narrativo. Uma propriedade pode ser designada tanto por um adjetivo quanto por um substantivo ou mesmo por uma locução inteira. Trata-se aqui dos adjetivos e dos verbos da gramática da narrativa e não da de uma língua particular.

Tomemos um exemplo que nos permitirá ilustrar essas "partes do discurso" narrativo. Peronella recebe seu amante na ausência do marido, pobre pedreiro. Mas um dia este volta cedo. Peronella esconde o amante num tonel; tendo entrado o marido, ela lhe diz que alguém queria comprar o tonel e que este alguém o está agora examinando. O marido acredita nela e se alegra com a venda. Vai raspar o tonel para limpá-lo; durante esse tempo, o amante faz amor com Peronella que enfiou a cabeça e os braços na abertura do tonel e assim o tapou (VII, 2).

Peronella, o amante e o marido são os agentes dessa história. Os três são nomes próprios narrativos, embora os dois últimos não sejam nomeados. Podemos designá-los por X, Y e Z. As palavras amante e marido nos indicam ainda certo estado (é a legalidade da relação com Peronella que está aqui em causa); eles funcionam pois como adjetivos. Esses adjetivos descrevem o equilíbrio inicial: Peronella é a esposa do pedreiro, não tem pois o direito de fazer amor com outros homens.

Vem em seguida a transgressão dessa lei: Peronella recebe seu amante. Trata-se aí evidentemente de um verbo que se poderia designar como: violar, transgredir (uma lei). Ele traz um estado de desequilíbrio pois a lei familiar não é mais respeitada.

A partir desse momento, duas possibilidades existem para restabelecer o equilíbrio. A primeira seria punir a esposa infiel; mas essa ação serviria a restabelecer o equilíbrio inicial. Ora, a novela (ou pelo menos as novelas de Boccacio) não descreve nunca tal repetição da ordem inicial. O verbo "punir" está pois presente no interior da novela (é o perigo que espreita Peronella) mas ele não se realiza, permanece em estado virtual. A segunda possibilidade consiste em encontrar um meio de evitar a punição; é o que fará Peronella; ela o consegue disfarçando a situação de desequilíbrio (a transgressão da lei) em situação de equilíbrio (a compra de um tonel não viola a lei familiar). Há pois aqui um terceiro verbo, "disfarçar". O resultado final é novamente um estado, portanto um adjetivo: uma nova lei foi instaurada, embora ela não esteja explícita, segundo a qual a mulher pode seguir suas inclinações naturais.

Assim a análise da narrativa nos permite isolar unidades formais que apresentam analogias flagrantes com as partes do discurso: nome próprio, verbo, adjetivo. Como não se leva em conta aqui a matéria verbal que suporta essas unidades, torna-se possível dar definições mais claras do que se pode dar estudando uma língua.

2. Distinguem-se habitualmente, numa gramática, as categorias *primárias*, que permitem definir as partes do discurso, das categorias *secundárias*, que são as propriedades dessas partes: assim a voz, o aspecto, o modo, o tempo etc. Tomemos aqui o exemplo de uma dessas últimas, o modo, para observar suas transformações na gramática da narrativa.

O modo de uma oração narrativa explicita a relação com que ela mantém a personagem em questão; essa personagem representa pois o papel de sujeito da enunciação. Distinguiremos, primeiramente, duas classes: o indicativo, de um lado, todos os outros modos, de outro. Esses dois grupos se opõem como o real ao irreal. As orações enunciadas no indicativo são percebidas como ações que aconteceram de fato; se o modo é diferente, é que a ação não se realizou mas existe em potencial, virtualmente (a punição virtual de Peronella nos dá um exemplo disso).

As antigas gramáticas explicavam a existência de orações modais pelo fato de a linguagem servir não só a descrever, e portanto a se referir à realidade, mas também a exprimir nossa vontade. Daí também a estreita relação, em várias línguas, entre os modos e o futuro, que não exprime habitualmente mais do que uma intenção. Não a seguiremos até o fim: poder-se-ia estabelecer uma primeira dicotomia entre os modos próprios do *Decameron*, que são em número de quatro, perguntando-nos se são ligados ou não a uma vontade. Essa dicotomia nos dá dois grupos: os modos da *vontade* e os modos da *hipótese*.

Os modos da vontade são dois: o obrigativo e o optativo. O *obrigativo* é o modo de uma oração que deve acontecer; é uma vontade codificada, não individual, que constitui a lei de uma sociedade. Por essa razão, o obrigativo tem um estatuto particular: as leis são sempre subentendidas, nunca nomeadas (não é necessário) e correm o risco de passar despercebidas para o leitor. No *Decameron*, a punição deve ser escrita no modo obrigativo: ela é uma consequência direta das leis da sociedade e está presente mesmo sem acontecer.

O *optativo* corresponde às ações desejadas pela personagem. Em certo sentido, toda oração pode ser precedida pela mesma oração no optativo, na medida em que cada ação no *Decameron* – se bem que em graus diferentes – resulta do desejo que alguém tem de ver essa ação realizada. A *renúncia* é um caso particular do optativo: é um optativo primeiro afirmado, em seguida negado. Assim Gianni renuncia a seu primeiro desejo de transformar sua mulher em égua quando fica sabendo dos pormenores da transformação (IX, 10). Da mesma forma, Ansaldo renuncia ao desejo que tinha de possuir Dianora, quando fica sabendo qual foi a generosidade de seu marido (X, 5). Uma novela conhece assim um optativo em segundo grau: em III, 9, Giletta não só aspira a dormir com seu marido como a que este a ame, a que ele se tome o sujeito de uma oração optativa: ela deseja o desejo do outro.

Os dois outros modos, condicional e predictivo, oferecem não só uma característica semântica comum (a hipótese) mas se distinguem por uma estrutura sintática particular: dizem respeito a uma sucessão de duas orações e não a uma oração isolada. Mais precisamente, concernem à relação entre essas duas orações, que é sempre de implicação, mas com a qual o sujeito da enunciação pode manter diferentes relações.

O *condicional* se define como o modo que põe em relação de implicação duas orações atributivas, de sorte que o sujeito da segunda oração e aquele que põe a condição sejam uma só e mesma personagem (designou-se por vezes o condicional pelo nome de *prova*). Assim, em IX, 1, Francesca põe como condição para conceder seu amor, que Rinuceio e Alessandro realizem cada um um feito: se a prova de sua coragem for tirada, ela consentirá em realizar suas pretensões. Do mesmo modo em X, 5 Dianora exige de Ansaldo "um jardim que, em janeiro, seja florido como no mês de maio"; se ele conseguir, poderá possuí-la. Uma novela toma a prova ela mesma como tema central: Pirro pede a Lidia, como prova do seu amor, que ela realize três atos: matar, sob os olhos do marido, seu melhor gavião; arrancar um tufo de pelos da barba do marido; extrair, enfim, um de seus melhores dentes. Quando Lidia houver superado a prova, ele consentirá em dormir com ela (VII, 9).

O *predictivo*, enfim, tem a mesma estrutura que o condicional, mas o sujeito que prediz não deve ser o sujeito da segunda oração (a consequência); nisso ele se aproxima do modo "transrelativo" isolado por Whorf. Nenhuma restrição pesa sobre o sujeito da primeira oração. Assim, ele pode ser o mesmo que o sujeito da enunciação (em I, 3: se eu puser Melchisedech em má situação, pensa Saladino, ele me dará dinheiro; em X, 10: se eu for cruel com Griselda, pensa Gualtieri, ela tentará me prejudicar). As duas orações podem ter o mesmo sujeito (IV, 8: se Girolamo se afastar da cidade, pensa sua mãe, não amará mais Salvestra; VII, 7: se meu marido for ciumento, supõe Beatrice, ele se levantará e sairá). Essas predições são por vezes bastante elaboradas: assim, nessa última novela, para dormir com Ludovico, Beatrice diz a seu marido que Ludovico lhe fazia a corte; da mesma forma, em III, 3, para provocar o amor de um cavaleiro, uma dama se queixa ao amigo deste de que ele não para de lhe fazer a corte. As predições dessas duas novelas (que se revelam justas tanto uma como outra) não são coisas que aconteçam naturalmente: as palavras criam aqui as coisas ao invés de as refletir.

Esse fato nos leva a ver que o predictivo é uma manifestação particular da lógica da verossimilhança. Supõe-se que uma ação arrastará outra, porque essa causalidade corresponde a uma probabilidade. É preciso evitar, entretanto, confundir essa verossimilhança das personagens com as leis que o leitor considera verossímeis: tal confusão nos levaria a procurar a probabilidade de cada ação particular; enquanto o verossímil das personagens tem uma realidade formal precisa, o predictivo.

Se procurarmos articular melhor as relações apresentadas pelos quatro modos, teremos, ao lado da oposição "presença/ausência de vontade", uma outra dicotomia que oporá o optativo e o condicional, de um lado, ao obrigativo e ao predictivo, de outro. Os dois primeiros se caracterizam por uma identidade do sujeito da enunciação com o sujeito do enunciado: põe-se aqui em questão a si mesmo. Os dois últimos, em compensação, refletem ações exteriores ao sujeito enunciante: são leis sociais e não mais individuais.

3. Se quisermos ultrapassar o nível das orações, problemas mais complexos aparecerão. Com efeito, até aqui podíamos comparar os resultados de nossa análise aos dos estudos sobre as línguas. Mas não existe uma teoria linguística do discurso, não tentaremos pois referir-nos a ela. Eis algumas conclusões gerais que podemos tirar da análise do *Decameron*, sobre a estrutura do discurso narrativo.

As relações que se estabelecem entre orações podem ser de três tipos. A mais simples é a relação temporal: os elementos se seguem no texto porque se seguem no mundo imaginário do livro. A relação lógica é um outro tipo de relação; as narrativas são habitualmente fundadas em implicações e pressupostos, enquanto os textos mais afastados da ficção se caracterizam pela presença da inclusão. Enfim, uma terceira relação é de tipo "espacial", na medida em que duas orações são justapostas por causa de certa semelhança entre elas, desenhando assim um espaço próprio ao texto. Trata-se, como se vê, do paralelismo, com suas múltiplas subdivisões; essa relação parece dominante nos textos de poesia. A narrativa possui sempre relações de causalidade; mas as outras relações também podem estar presentes: trata-se antes de uma predominância quantitativa que de uma presença exclusiva[3].

Podemos estabelecer uma unidade sintática superior à oração; chamemo-la *sequência*. A sequência terá características diferentes segundo o tipo de relação entre orações; mas, em cada caso, uma repetição incompleta da oração inicial marcará seu fim. Por outro lado, a sequência provoca uma reação intuitiva da parte do leitor: reconhecer que se trata de uma história completa, de uma anedota acabada. A novela coincide frequentemente, mas não sempre, com uma sequência: pode conter várias delas ou apenas uma parte.

Colocando-nos no ponto de vista da sequência, podemos distinguir vários tipos de orações. Esses tipos correspondem às relações lógicas de exclusão (ou-ou), de conjunção (e/ou) e de disjunção (e/e). Chamaremos o primeiro tipo de orações *alternativas* pois uma só entre elas pode aparecer em determinado ponto da sequência; essa aparição é, por outro lado, obrigatória. O segundo tipo será o das orações *facultativas*, cujo lugar não é definido e cuja aparição não é obrigatória. Enfim, um terceiro tipo será formado pelas orações *obrigatórias*; essas devem sempre aparecer num lugar definido.

Tomemos uma novela que nos permitirá ilustrar essas diferentes relações. Uma dama da Gasconha é ultrajada por "alguns malandros" durante sua estada em Chipre. Ela pretende queixar-se ao rei da ilha; mas dizem-lhe que será perda de tempo, pois o rei fica indiferente aos insultos que ele próprio recebe. Entre-

---

[3]. Trato mais longamente desses três tipos de relação no capítulo "Poétique" da obra coletiva *Qu'est-ce que le structuralisme?*, Paris, Edition du Seuil, 1968. (N. do A.)

tanto, ela o encontra e lhe dirige algumas palavras amargas. O rei fica impressionado e abandona sua frouxidão (I, 9).

Uma comparação entre essa novela e os outros textos que formam o *Decameron* nos permitirá identificar o estatuto de cada oração. Existe, primeiramente, uma oração obrigatória: é o desejo da dama de modificar a situação precedente; encontramos esse desejo em todas as novelas da obra. Por outro lado, duas orações contêm as causas desse desejo (o ultraje dos malandros e a infelicidade da dama) e podemos qualificá-las como facultativas: trata-se aí de uma motivação psicológica da ação modificadora de nossa heroína, motivação que está quase sempre ausente do *Decameron* (contrariamente ao que se passa na novela do século XIX). Na história de Peronella (VII, 2), não há motivações psicológicas; mas ali também encontramos uma oração facultativa: o fato dos dois amantes fazerem novamente amor por detrás das costas do marido. Que nos entendam bem: qualificando essa oração de facultativa, queremos dizer que ela não é necessária para que se perceba a intriga do conto como um todo acabado. A novela em si precisa dessa oração, que constitui mesmo o "sal da história"; mas é preciso separar o conceito de intriga do conceito de novela.

Existem, finalmente, orações alternativas. Tomemos, por exemplo, a ação da dama que modifica o caráter do rei. Do ponto de vista sintático, ela tem a mesma função que a de Peronella escondendo seu amante no tonel: as duas visam a estabelecer um novo equilíbrio. No entanto, aqui essa ação é um ataque verbal direto, enquanto Peronella se servia do disfarce. "Atacar" e "disfarçar" são portanto dois verbos que aparecem nas orações alternativas; por outras palavras, formam um paradigma.

Se procurarmos estabelecer uma tipologia das narrativas, só o podemos fazer baseando-nos em elementos alternativos: nem as orações obrigatórias, que devem aparecer sempre, nem as facultativas, que podem sempre aparecer, poderiam ajudar-nos aqui. Por outro lado, a tipologia poderia fundamentar-se em critérios puramente sintagmáticos: dissemos, acima, que a narrativa consistia numa passagem de um equilíbrio a outro; mas uma narrativa pode também apresentar somente uma parte desse trajeto. Assim, pode descrever apenas a passagem de um equilíbrio a um desequilíbrio, ou inversamente.

O estudo das novelas do *Decameron* nos levou, por exemplo, a ver nesse livro apenas dois tipos de história. O primeiro, do qual a novela sobre Peronella é um exemplo, poderia ser chamado "a punição evitada". Aqui, o trajeto completo é seguido (equilíbrio-desequilíbrio-equilíbrio); por outro lado, o desequilíbrio é causado pela transgressão de uma lei, ato que merece punição. O segundo tipo de história, ilustrado pela novela sobre a dama da Gasconha e o rei de Chipre, pode ser designado como uma "conversão". Aqui, somente a segunda parte da narrativa está presente: parte-se de um estado de desequilíbrio (um rei frouxo) para chegar ao equilíbrio final. Além disso, esse desequilíbrio não tem por causa uma ação particular (um verbo) mas as próprias qualidades da personagem (um adjetivo).

Esses poucos exemplos podem bastar para dar uma ideia da gramática da narrativa. Poder-se-ia objetar que, assim fazendo, não chegamos a "explicar" a narrativa, a tirar dela conclusões gerais. Mas o estado atual dos estudos sobre a narrativa implica que nossa primeira tarefa seja a elaboração de um aparato descritivo: antes de poder explicar os fatos, é preciso aprender a identificá-los.

Poder-se-ia (e dever-se-ia) encontrar também imperfeições nas categorias concretas aqui propostas: meu objetivo era levantar questões mais que fornecer respostas. Parece-me, entretanto, que a ideia mesma de uma gramática da narrativa não pode ser contestada. Essa ideia repousa sobre a unidade profunda da linguagem e da narrativa, unidade que nos obriga a rever nossas concepções de uma e de outra. Compreender-se-á melhor a narrativa se se souber que a personagem é um nome e a ação, um verbo. Mas compreender-se-á melhor o nome e o verbo pensando no papel que eles representam na narrativa. Em definitivo, a linguagem não poderá ser compreendida sem que se aprenda a pensar sua manifestação essencial, a literatura. O inverso também é verdadeiro: combinar um nome e um verbo é dar o primeiro passo para a narrativa. De certa forma, o escritor não faz mais que ler a linguagem.

5. A NARRATIVA FANTÁSTICA

Alvare, a personagem principal do livro de Cazotte *O Diabo Apaixonado*[1], vive há meses com um ser, do sexo feminino, que ele acredita ser um mau espírito: o diabo ou um de seus subordinados. O modo como apareceu esse ser indica claramente que se trata de um representante do outro mundo; mas seu comportamento especificamente humano (e mais ainda feminino), os ferimentos reais que recebe, parecem provar, ao contrário, que se trata simplesmente de uma mulher, e de uma mulher que ama. Quando Alvare lhe pergunta de onde ela vem, Biondetta responde: "Sou Sílfide de origem, e uma das mais consideráveis dentre elas..." E no entanto, existem as Sílfides? "Eu não concebia nada do que ouvia, continua Alvare. Mas que havia de concebível em minha aventura? Tudo isso me parece um sonho, dizia a mim

---

[1]. Jacques Cazotte (1719-1792) – escritor francês chegado à corte de Luis XVI; ocupou-se de ocultismo; foi executado como conspirador monarquista. (N. da T.)

147

mesmo; mas será outra coisa a vida humana? Eu sonho de modo mais extraordinário do que os outros, eis tudo... Onde está o possível? Onde está o impossível? "

Assim, Alvare hesita, e pergunta a si mesmo (e o leitor com ele) se o que lhe está acontecendo é verdadeiro, se o que o cerca é mesmo a realidade (e então as Sílfides existem) ou se se trata simplesmente de uma ilusão que toma aqui a forma de um sonho. Mais tarde, vai para a cama com essa mesma mulher que *talvez* seja o diabo; e, atemorizado por essa ideia, pergunta de novo a si mesmo: "Terei dormido? Seria eu tão feliz que tudo não tenha passado de um sonho?" Sua mãe pensará da mesma forma: "Você sonhou com essa fazenda e todos os seus habitantes". A ambiguidade se manterá até o fim da aventura: realidade ou sonho? verdade ou ilusão?

Somos assim conduzidos ao âmago do fantástico. Num mundo que é bem o nosso, tal qual o conhecemos, sem diabos, sílfides nem vampiros, produz-se um acontecimento que não pode ser explicado pelas leis deste mundo familiar. Aquele que vive o acontecimento deve optar por uma das soluções possíveis: ou se trata de uma ilusão dos sentidos, um produto da imaginação, e nesse caso as leis do mundo continuam a ser o que são. Ou então esse acontecimento se verificou realmente, é parte integrante da realidade; mas nesse caso ela é regida por leis desconhecidas para nós. Ou o diabo é um ser imaginário, uma ilusão, ou então existe realmente, como os outros seres vivos, só que o encontramos raramente. O fantástico ocupa o tempo dessa incerteza; assim que escolhemos uma ou outra resposta, saímos do fantástico para entrar num gênero vizinho, o estranho ou o maravilhoso. O fantástico é a hesitação experimentada por um ser que não conhece as leis naturais, diante de um acontecimento aparentemente sobrenatural.

O Diabo Apaixonado oferece matéria muito pobre para uma análise mais avançada: a hesitação, a dúvida, só nos preocupam aqui por um instante. Faremos pois apelo a outro livro, escrito uns vinte anos mais tarde e que nos permitirá colocar maior número de perguntas; um livro que inaugura magistralmente a época da narrativa fantástica: o *Manuscrito Encontrado em Saragossa* de Jan Potocki[2].

Uma série de acontecimentos nos é primeiramente relatada, dos quais nenhum, tomado isoladamente, contradiz as leis da natureza tais como as admitimos; mas seu acúmulo já traz problema. Alphonse van Worden, herói e narrador do livro, atravessa as montanhas da Sierra Morena. De repente, seu "zagal" Moschito desaparece; algumas horas mais tarde desaparece também seu empregado Lopez. Os habitantes da região afirmam que ela é assombrada pelos fantasmas de dois bandidos recentemente enforcados. Alphonse chega a um albergue abandonado e se dispõe a dormir; mas, ao primeiro toque da meia-noite, "uma bela negra seminua, segurando uma tocha em cada mão" entra no quarto e o convida a segui-la. Ela o leva até uma sala subterrânea onde o recebem duas jovens irmãs, belas e levemente vestidas. Elas lhe oferecem comida e bebida. Alphonse experimenta sensações estranhas e uma dúvida nasce em seu espírito: "Eu não sabia mais se estava com mulheres ou com insidiosos demônios". Elas lhe contam em seguida sua vida: revelam ser suas primas; mas ao primeiro canto do galo, a narrativa é interrompida; e Alphonse se lembra de que "como se sabe, os fantasmas não têm poder senão da meia-noite até o primeiro canto do galo".

Tudo isso, está claro, não sai das leis da natureza que se conhecem. No máximo, pode-se dizer que são acontecimentos estranhos, insólitas coincidências. Mas o passo seguinte é decisivo: produz-se um acontecimento que a razão não pode explicar. Alphonse se recolhe ao leito, as duas irmãs o acompanham (ou talvez ele apenas sonhe), mas uma coisa é certa: quando ele acorda, não está mais num leito, não está mais numa sala subterrânea. "Vi o céu. Vi que estava ao ar livre... Estava deitado sob a forca de Los Hermanos. Os cadáveres dos dois irmãos de Zoto não estavam pendurados, encontravam-se ao meu lado". Eis pois um primeiro acontecimento sobrenatural: as duas belas moças transformaram-se em fétidos cadáveres.

2. Jan Potocki (1761-1815) – escritor e arqueólogo polonês. (N. da T.)

149

Entretanto, Alphonse ainda não está convencido da existência de forças sobrenaturais, o que teria suprimido toda hesitação (e teria acabado com o fantástico). Procura um lugar onde passar a noite e chega à cabana de um eremita; encontra aí um possesso, Pascheco; este conta sua história, que se parece estranhamente com a de Alphonse. Pascheco se abrigara uma noite no mesmo albergue; descera a uma sala subterrânea e passara a noite num leito com as duas irmãs; no dia seguinte, acordara sob a forca, entre dois cadáveres. Essa similitude põe Alphonse de sobreaviso. Por isso, diz ele mais tarde ao eremita que não acredita em fantasmas, e dá uma explicação natural às desgraças de Pascheco. Interpreta da mesma forma suas próprias aventuras: "Eu não duvidava de que minhas primas fossem mulheres de carne e osso. Disso me advertia não sei que sentimento, mais forte do que tudo o que me tinham dito sobre o poder dos demônios. Quanto à peça que me tinham pregado, de me pôr sob a forca, estava profundamente indignado".

Os acontecimentos dos dias seguintes não conseguem dissipar as dúvidas de Alphonse. Ele procura com todas as suas forças encontrar uma explicação racional para os fatos estranhos que o cercam. Mas, mal a encontra, um novo incidente vem embaralhar a imagem que ele tinha do mundo. Isso se repete tantas vezes que, por fim, ele confessa: "Quase cheguei a acreditar que demônios, para me enganar, tinham animado os corpos dos dois enforcados".

"Quase cheguei a acreditar": eis a fórmula que melhor resume o espírito do fantástico. A fé absoluta, como a incredulidade total, nos levam para fora do fantástico; é a hesitação que lhe dá vida.

Quem hesita nessa história? Vê-se imediatamente: Alphonse, isto é, o herói, a personagem. É ele que, ao longo de toda a intriga, terá de escolher entre as duas soluções possíveis. Mas se o leitor fosse prevenido de antemão acerca da verdade, se ele soubesse em que terreno pisa, a situação seria bem diferente. O fantástico implica pois uma integração do leitor no mundo das personagens; define-se pela percepção ambígua que o leitor tem dos acontecimentos narrados; esse leitor se identifica com a personagem. É importante precisar desde logo que, assim falando, temos em vista não tal ou tal leitor particular e real, mas uma "função" de leitor, implícita no texto (da mesma forma que está implícita a de seu narrador). A percepção desse leitor implícito está inscrita no texto com a mesma precisão que os movimentos das personagens.

Quando o leitor sai do mundo das personagens e volta a seu lugar natural (o de leitor), um novo perigo ameaça o fantástico. Ele se situa ao nível da interpretação do texto. Existem narrativas que contêm elementos sobrenaturais, mas onde o leitor nunca se interroga acerca de sua natureza, pois sabe que não deve tomá-los ao pé da letra. Se os animais falam, nenhuma dúvida nos assalta o espírito: sabemos que as palavras do texto devem ser tomadas num outro sentido, que se chama alegórico. A situação inversa se observa em poesia. O texto poético poderia ser frequentemente julgado fantástico, se se pedisse à poesia que ela fosse representativa. Mas a questão não se coloca: se se diz, por exemplo, que o "eu poético" voa nos ares, isso não passa de uma frase que se deve tomar como tal, sem tentar ir além das palavras. Para se manter, o fantástico implica pois não só a existência de um acontecimento estranho, que provoca uma hesitação no leitor e no herói, mas também um certo modo de ler, que se pode definir negativamente: ele não deve ser nem poético nem alegórico. Se voltarmos ao *Manuscrito*, veremos que essa exigência também é ali cumprida: por um lado, não podemos dar imediatamente uma interpretação alegórica aos acontecimentos sobrenaturais evocados; por outro, esses acontecimentos estão bem presentes, devemos imaginá-los, e não considerar as palavras que os designam como apenas palavras.

Estamos agora em estado de precisar e de complementar nossa definição do fantástico. Este exige que três condições sejam preenchidas. Primeiro, é preciso que o texto obrigue o leitor a considerar o mundo das personagens como um mundo de pessoas vivas e a hesitar entre uma explicação natural e uma explicação sobrenatural dos acontecimentos evocados. Em seguida, essa hesitação deve ser igualmente sentida por uma personagem; desse modo, o papel do leitor é, por assim dizer, confiado a uma personagem e ao mesmo tempo a hesitação se acha representada e se torna um dos temas da obra; no caso de uma leitura ingênua, o leitor real se identifica com a personagem. Enfim, é importante que o leitor adote uma certa atitude com relação ao texto: ele recusará tanto a interpretação alegórica quanto a interpretação "poética". O gênero fantástico é pois definido essencialmente por categorias que dizem respeito às visões na narrativa; e, em parte, por seus temas.

O *Manuscrito Encontrado em Saragossa* nos fornece um exemplo de hesitação entre o real e o ilusório: perguntávamo-nos se o que víamos não era tapeação, erro de percepção. Por outras palavras, duvidávamos da interpretação a dar a acontecimentos perceptíveis. Existe uma outra variedade do fantástico onde a hesitação se situa entre o real e o imaginário. No primeiro caso, duvidava-se não de que os acontecimentos tivessem sucedido, mas que nossa percepção tenha sido exata. No segundo, perguntávamo-nos se o que acreditávamos ver não era de fato um fruto da imaginação. "Discirno com dificuldade o que vejo com os olhos da realidade e o que vejo com minha imaginação", diz uma personagem de Achim von Arnim. Esse "erro" pode acontecer por várias razões: a loucura é uma das mais frequentes. Assim, na *Princesa Brambilla* de Hoffmann. Acontecimentos estranhos e incompreensíveis sobrevêm na vida do pobre ator Giglio Fava durante o carnaval de Roma. Ele acredita tornar-se príncipe, apaixonar-se por uma princesa e viver aventuras incríveis. Ora, a maior parte dos que o cercam lhe asseguram que nada disso é verdadeiro, mas que ele, Giglio, ficou louco. É o que pretende o signor Pasquale: "Signor Giglio, sei o que vos aconteceu; Roma inteira o sabe, fostes forçado a deixar o teatro porque vosso cérebro se desarranjou..." Por vezes, o próprio Giglio duvida de sua razão: "Ele estava mesmo prestes a pensar que o signor Pasquale e o mestre Bescapi tinham tido razão em acreditá-lo um pouco aloprado". Assim Giglio (e o leitor implícito) é mantido na dúvida, ignorando se o que o cerca é ou não efeito de sua imaginação.

A esse processo simples e muito frequente, podemos opor um outro que parece ser muito mais raro, e onde a loucura é novamente utilizada – mas de maneira diferente

– para criar a ambiguidade necessária. Estamos pensando em *Aurélia*, de Nerval. Esse livro faz, como se sabe, a narrativa das visões que teve uma personagem durante um período de loucura. A narrativa é conduzida na primeira pessoa; mas o *eu* recobre aparentemente duas pessoas distintas: a da personagem que percebe mundos desconhecidos (esta vive no passado) e a do narrador que transcreve as impressões da primeira (este vive no presente). À primeira vista, o fantástico não existe aqui: nem para a personagem, que não considera suas visões como devidas à loucura, mas como uma imagem mais lúcida do mundo (ele está pois no maravilhoso); nem pelo narrador, que sabe que elas se devem à loucura ou ao sonho e não à realidade (de seu ponto de vista, a narrativa se liga simplesmente ao estranho). Mas o texto não funciona assim; Nerval recria a ambiguidade num outro nível, onde não a esperávamos; e *Aurélia* continua sendo uma história fantástica.

Primeiramente, a personagem não está completamente decidida quanto à interpretação que deve dar aos fatos: acredita por vezes, ela também, em sua loucura mas nunca vai até a certeza. "Compreendi, ao me ver entre os alienados, que até então tudo não tinha passado de ilusão. Entretanto, as promessas que eu atribuía à deusa Ísis pareciam realizar-se por uma série de provas pelas quais eu estava destinado a passar." Ao mesmo tempo, o narrador não está certo de que tudo o que a personagem viveu se deve à ilusão; insiste mesmo sobre a verdade de certos fatos narrados: "Eu me informava fora, ninguém tinha ouvido nada. E no entanto estou ainda certo de que o grito era real e que tinha ressoado no ar dos vivos..."

A ambiguidade depende também do emprego de dois processos verbais que penetram o texto todo. Nerval os utiliza habitualmente juntos; são eles: o imperfeito e a modalização. Esta última consiste, lembremo-nos, em usar certas locuções introdutivas que, sem mudar o sentido da frase, modificam a relação entre o sujeito da enunciação e o enunciado. Por exemplo, as duas frases "Chove lá fora" e "Talvez chova lá fora" se referem ao mesmo fato; mas a segunda indica também a incerteza em que se encontra o sujeito que fala, quanto à verdade da frase que enuncia. O imperfeito

153

tem um sentido semelhante: se eu digo "Eu amava Aurélia", não preciso se ainda a amo agora ou não; a continuidade é possível mas em regra geral pouco provável.

Ora, todo o texto de *Aurélia* está impregnado desses dois processos, o imperfeito e as locuções modalizantes. Poderíamos citar o texto inteiro em apoio a esta afirmação. Eis alguns exemplos tomados ao acaso: "*Parecia-me que* estava entrando numa moradia conhecida ... Uma velha empregada que eu chamava de Marguerite e *que me parecia* conhecida desde a infância... E *eu tinha a impressão de que* a alma de meu avô estava nesse pássaro... *Acreditei* cair num abismo que atravessava o globo. *Sentia-me* levado sem sofrimento por uma correnteza de metal derretido... *Tive a sensação* de que essas correntezas eram compostas de almas vivas, em estado molecular... *Tornava-se claro para mim que* os avós tomavam a forma de certos animais para nos visitar na terra..." etc. (sou eu quem sublinha). Se essas locuções estivessem ausentes, estaríamos mergulhados no mundo do maravilhoso, sem nenhuma referência à realidade cotidiana, habitual; graças a elas, somos mantidos ao mesmo tempo nos dois mundos. O imperfeito, além disso, introduz uma distância entre a personagem e o narrador, de modo que não conhecemos a posição deste último.

Por uma série de incisos, o narrador toma também distância com relação aos outros homens, com relação ao "homem normal", mais exatamente, com relação ao emprego corrente de certas palavras (em certo sentido, a linguagem é o tema principal de *Aurélia*), "Recuperando aquilo que os homens chamam de razão", escreve ele em alguma parte. E noutra: "Mas parece que era uma ilusão de minha vista". Ou ainda: "Minhas ações, aparentemente insensatas, estavam submetidas ao que se chama de ilusão, segundo a razão humana". Admiremos esta frase: as ações são "insensatas" (referência ao natural); são submetidas... à ilusão (referência ao natural), ou melhor, "aquilo que se chama de ilusão" (referência ao sobrenatural); além disso, o imperfeito significa que não é o narrador presente que assim pensa, mas a personagem de outrora. Ou ainda esta frase, resumo de toda a ambiguidade de *Aurélia*: "Uma série de visões insensatas, talvez".

O narrador vai mais longe: retomará abertamente a tese da personagem, segundo a qual loucura e sonho são apenas uma razão superior. Eis o que dizia a personagem: "As narrativas dos que me tinham visto assim me causavam uma espécie de irritação, quando eu via que atribuíam à aberração do espírito os atos ou as palavras coincidentes com as diversas fases daquilo que constituía para mim uma série de acontecimentos lógicos" (ao que responde a frase de Edgar Poe: "A ciência ainda não nos disse se a loucura é ou não é o sublime da inteligência"). E ainda: "Com aquela ideia que eu tinha de que o sonho abre ao homem uma comunicação com o mundo dos espíritos, eu esperava..." Ora, eis como fala o narrador: "Vou tentar... transcrever as impressões de uma longa doença que se passou inteiramente nos mistérios de meu espírito; – e não sei por que uso esse termo de doença, pois nunca, no que me concerne, me senti em melhor saúde. Por vezes, acreditava ver redobradas minha força e minha atividade; a imaginação me trazia delícias infinitas". Ou ainda: "Seja como for, acredito que a imaginação humana nada inventou que não seja verdadeiro, nesse mundo e nos outros, e eu não podia duvidar do que tinha *visto* tão distintamente".

Nesses dois trechos, o narrador parece declarar abertamente que aquilo que viu durante sua pretensa loucura é apenas uma parte da realidade; que nunca esteve doente. Mas, se cada um desses trechos começa no presente, a última oração está novamente no imperfeito; ela reintroduz a ambiguidade na percepção do leitor. O exemplo inverso se encontra nas últimas páginas de *Aurélia*: "Eu podia julgar de modo mais sadio o mundo das ilusões em que tinha vivido durante algum tempo. Entretanto, sinto-me feliz com as convicções que adquiri..." A primeira oração parece remeter tudo o que precede ao mundo da loucura; mas, se assim fosse, por que essa felicidade das convicções adquiridas?

Aurélia constitui pois um exemplo original e perfeito da ambiguidade fantástica. Essa ambiguidade gira certamente em torno da loucura; mas enquanto, em Hoffmann, perguntávamo-nos se a personagem estava ou não louca, aqui se sabe de antemão que esse comportamento se chama loucura; o que se quer saber (e é sobre este ponto que existe hesitação) é se a loucura não é, na verdade, uma razão superior. No primeiro caso, a hesitação concerne à percepção, no segundo, à linguagem; com Hoffmann, hesitamos acerca do nome a dar a certos acontecimentos, com Nerval, acerca do sentido das palavras.

Voltemos agora às formas mais comuns do fantástico e às condições necessárias para sua existência. O fantástico, como vimos, dura apenas o tempo de uma hesitação: hesitação comum ao leitor e à personagem, que devem decidir se aquilo que percebem se deve ou não à "realidade", tal qual ela existe para a opinião comum. No fim da história, o leitor, senão a personagem, toma entretanto uma decisão, opta por uma ou outra solução, e assim fazendo sai do fantástico (salvo em raros casos como *The Turn of the Screw*[3] de Henry James). Se ele decide que as leis da realidade permanecem intatas e permitem explicar o fenômeno descrito, dizemos que a obra pertence ao gênero do estranho. Se, ao contrário, ele decide que se deve admitir novas leis da natureza, pelas quais o fenômeno pode ser explicado, entramos no gênero do maravilhoso.

Examinemos um pouco mais de perto esses dois vizinhos do fantástico, o estranho e o maravilhoso. Em cada um desses casos, um subgênero transitório se coloca entre o fantástico e o estranho, por um lado, o fantástico e o maravilhoso, por outro. Esses subgêneros compreendem obras que mantêm por longo tempo a hesitação fantástica mas terminam quer no maravilhoso, quer no estranho. Poderíamos figurar essas subdivisões pelo diagrama seguinte:

estranho puro	fantástico-estranho	fantástico-maravilhoso	maravilhoso puro

O fantástico puro seria representado, nesse desenho, pela linha mediana, a que separa o fantástico-estranho do fantás-

---

3. A tradução brasileira, editada pela Editora Civilização Brasileira, tem o título de *A Outra Volta do Parafuso*. (N. da T.)

tico-maravilhoso; essa linha corresponde bem à natureza do fantástico, fronteira entre dois domínios vizinhos.

Comecemos pelo fantástico-estranho. Os acontecimentos que parecem sobrenaturais ao longo da história recebem por fim uma explicação racional. Se esses acontecimentos conduzem a personagem e o leitor a acreditar na intervenção do sobrenatural, é que têm um caráter insólito, estranho. A crítica descreveu (e frequentemente condenou) essa variedade sob o nome de "sobrenatural explicado".

Podemos tomar como exemplo do fantástico estranho o mesmo *Manuscrito Encontrado em Saragossa*. Todos os milagres são racionalmente explicados no fim da narrativa. Alphonse encontra, numa gruta, o eremita que o acolhera no começo e que é o grande xeque dos Gomelez em pessoa. Este lhe revela o mecanismo de todos os milagres: "Don Emanuel de Sá, governador de Cádiz, é um dos iniciados. Ele te havia enviado Lopez e Moschito que te abandonaram na fonte de Alcornoque... Com a ajuda de uma bebida soporífica, fizeram com que acordasses no dia seguinte sob a forca dos irmãos Zoto. De lá, vieste à minha ermida onde encontraste o terrível possesso Paschecho que é, na realidade, um bailarino basco... No dia seguinte, submeteram-te a uma prova mais cruel: a falsa inquisição que te ameaçou de horríveis torturas mas não conseguiu abalar tua coragem" etc.

A dúvida é mantida aqui entre dois polos, dos quais um é a existência do sobrenatural, outro, uma série de explicações racionais. Enumeremos os tipos de explicação que tentam reduzir o sobrenatural: há primeiramente o acaso, as coincidências – pois no mundo sobrenatural não há acaso, reina aí o que podemos chamar de "pandeterminismo" (esta será a explicação do sobrenatural em *Inès de las Sierras* de Nodier); vêm em seguida o sonho (solução proposta em *O Diabo Apaixonado*); a influência das drogas (os sonhos de Alphonse durante a primeira noite); a ilusão dos sentidos (veremos mais tarde um exemplo disso em *A Morta Apaixonada* de Gautier); enfim a loucura, como na *Princesa Brambilla*. Há, evidentemente, dois grupos de "desculpas", que correspondem às oposições real-imaginário e real-ilusório. No primeiro caso, nada de sobrenatural aconteceu, pois nada aconteceu: o que se acreditava ver era apenas o fruto de uma imaginação desregrada (sonho, loucura, droga). No segundo, os acontecimentos se produziram realmente, mas explicam-se de modo racional (acasos, tapeações, ilusões).

Ao lado desses casos, onde nos encontramos no estranho sem querer, por necessidade de explicar o fantástico, existe também o estranho puro. Nas obras que pertencem a esse gênero, relatam-se acontecimentos que podem perfeitamente ser explicados pelas leis da razão, mas que são, de uma forma ou de outra, incríveis, extraordinários, chocantes, singulares, inquietantes, insólitos. A definição é, como se vê, larga e imprecisa, mas tal é também o gênero que descreve: o estranho não é um gênero bem delimitado como o fantástico; mais exatamente, só é limitado de um lado, o do fantástico; do outro, dissolve-se no campo geral da literatura (os romances de Dostoiévski, por exemplo, podem ser incluídos no estranho).

Eis uma novela de Edgar Poe que ilustra o estranho próximo do fantástico: *A Queda da Casa de Usher*. O narrador chega uma noite a essa casa, chamado por seu amigo Roderick Usher; este lhe pede que fique com ele durante algum tempo. Roderick é um ser hipersensível, nervoso, que adora sua irmã, gravemente doente no momento. Esta morre alguns dias mais tarde, e os dois amigos, ao invés de a enterrar, depositam seu corpo num dos subterrâneos da casa. Alguns dias se passam; numa noite de tempestade, os dois homens se encontram num cômodo e o narrador lê em voz alta uma antiga história de cavalaria. Os sons descritos na crônica parecem fazer eco aos ruídos que se ouvem na casa. Por fim, Roderick Usher se levanta e diz, com voz quase imperceptível: "Nós a sepultamos viva". Com efeito, a porta se abre, a irmã aparece na soleira. O irmão e a irmã se lançam nos braços um do outro e caem mortos. O narrador foge da casa exatamente a tempo de vê-la desmoronar-se no lago vizinho.

O estranho tem aqui duas fontes. A primeira: o número de coincidências (tantas quanto numa história de sobrenatural explicado). Assim poderiam parecer sobrenaturais a ressurreição da irmã e a queda da casa depois da morte de seus habitantes; mas Poe não deixou de explicar racionalmente um e outro acontecimento. Assim, diz ele da casa: "Talvez o olho de um observador minucioso descobrisse uma rachadura quase imperceptível, que partindo do teto da fachada, abria caminho em ziguezague através da parede e ia perder-se nas águas funestas do lago". E de Lady Madeline: "Crises frequentes, embora passageiras, de caráter quase cataléptico, eram os diagnósticos muito singulares". A explicação sobrenatural é portanto apenas sugerida, e não é necessário aceitá-la.

A outra série de elementos que provocam a impressão de estranheza não está ligada ao fantástico mas ao que se poderia chamar de "experiência dos limites", e que caracteriza o conjunto da obra de Poe. Baudelaire já escrevia a seu respeito: "Nenhum homem contou com maior magia as *exceções* da vida humana e da natureza". Em *A Queda da Casa de Usher*, é o estado extremamente doentio do irmão e da irmã que perturba o leitor. Em outras partes, serão cenas de crueldade, o gozo no assassinato, que provocam o mesmo efeito estranho. Esse sentimento parte pois dos temas evocados, os quais se ligam a tabus mais ou menos antigos.

Passemos agora ao outro lado da linha mediana que chamamos de fantástica. Estamos no fantástico-maravilhoso, por outras palavras, na classe de narrativas que se apresentam como fantásticas e que terminam no sobrenatural. São essas as narrativas mais próximas do fantástico puro, pois este, pelo próprio fato de não ter sido explicado, racionalizado, nos sugere a existência do sobrenatural. O limite entre os dois será portanto incerto; entretanto, a presença ou a ausência de certos pormenores nos permitirá sempre decidir.

A Morta Apaixonada de Théophile Gautier pode servir-nos de exemplo. É a história de um monge que, no dia de sua ordenação, apaixona-se pela cortesã Clarimonde. Depois de alguns encontros fugidios, Romuald (é o nome do monge) assiste à morte de Clarimonde. Desde esse dia, ela começa a aparecer em seus sonhos. Esses sonhos têm aliás uma estranha propriedade: ao invés de se formar a partir das impressões do dia, constituem uma narrativa contínua. Nesses sonhos, Romuald não vive mais a existência austera de um monge, mas vive em Veneza, no fausto de contínuas festas. E, ao mesmo tempo, ele percebe que Clarimonde se mantém viva graças ao sangue que vem sugar durante a noite...

Até aqui, todos os acontecimentos podem ter uma explicação racional. O sonho justifica grande parte deles ("Queira Deus que seja um sonho!", exclama Romuald, assemelhando-se nisso a Alvare no *Diabo Apaixonado*); as ilusões dos sentidos, outro tanto. Assim: "Uma noite, passeando nas aleias orladas de buxo de meu jardinzinho, pareceu-me ver através dos arbustos uma forma de mulher"; "Um instante acreditei mesmo ter visto mexer-se seu pé..."; "Não sei se isso era uma ilusão ou um reflexo da lâmpada, mas dir-se-ia que o sangue recomeçava a circular sob aquela opaca palidez" etc. Afinal, uma série de acontecimentos podem ser considerados como simplesmente estranhos, ou devidos ao acaso; mas Romuald está inclinado a ver neles a intervenção do demônio: "A estranheza da aventura, a beleza sobrenatural de Clarimonde, o brilho fosfórico de seus olhos, a impressão escaldante de sua mão, a perturbação em que ela me lançara, a súbita mudança que em mim se operara, tudo isso provava claramente a presença do demônio, e essa mão acetinada talvez não fosse mais que a luva com a qual ele tinha recoberto sua garra".

Pode ser o diabo, com efeito, mas pode ser também só o acaso. Permanecemos pois até aqui no fantástico puro. Produz-se nesse momento um acontecimento que impõe o fantástico-maravilhoso. Outro abade, Sérapion, fica sabendo (não se sabe como) da aventura de Romuald; ele leva este último até o cemitério onde repousa Clarimonde; desenterra o caixão, abre-o e Clarimonde aparece tão fresca como no dia de sua morte, com uma gota de sangue nos lábios... Tomado de piedosa cólera, o abade Sérapion joga água benta sobre o cadáver. "Mal a pobre Clarimonde foi tocada pelo santo orvalho e seu belo corpo caiu em poeira; não era mais que uma mistura horrivelmente informe de cinzas e ossos meio calcinados". Toda essa cena, e em particular a metamorfose do cadáver, não pode ser explicada pelas leis da natureza tais quais são reconhecidas; estamos pois no fantástico-maravilhoso.

Existe afinal um maravilhoso puro que, da mesma forma que o estranho, não tem limites nítidos: obras extremamente diversas contêm elementos de maravilhoso. No caso do maravilhoso, os elementos sobrenaturais não provocam qualquer reação particular nem nas personagens nem no leitor implícito. Não é uma atitude para com os acontecimentos contados que caracteriza o maravilhoso, mas a própria natureza desses acontecimentos. Os contos de fadas, a ficção científica são algumas das variedades do maravilhoso; mas eles já nos levam longe do fantástico.

Tentemos agora mudar de perspectiva. No lugar da pergunta inicial "que é o fantástico?", façamos uma outra, "por que o fantástico?" Uma vez identificada a estrutura do gênero, perguntemo-nos sobre sua função.

Essa pergunta se subdivide aliás, imediatamente, em vários problemas particulares. Pode primeiramente reportar-se ao fantástico, isto é, a uma certa reação diante do sobrenatural; ou ainda ao sobrenatural ele próprio. Nesse último caso, podemos distinguir uma função literária e uma função social do sobrenatural. Comecemos por esta última.

Tomemos uma série de temas que provocam frequentemente a introdução de elementos sobrenaturais: o incesto, o amor homossexual, o amor a vários, a necrofilia, a sensualidade excessiva... Temos a impressão de ler uma lista de temas proibidos, estabelecida pela censura: cada um desses temas foi, de fato, frequentemente proibido, e pode ser ainda em nossos dias. Além disso, ao lado da censura institucionalizada, existe outra, mais sutil e também mais generalizada: a que reina na psique dos autores. A condenação de certos atos pela sociedade provoca uma condenação que ocorre no próprio indivíduo, proibindo-o de abordar certos temas tabus. O fantástico é um meio de combate contra uma e outra censura: os desencadeamentos sexuais serão mais bem aceitos por qualquer espécie de censura se pudermos atribuí-los ao diabo.

Outro grupo de temas que provocam frequentemente a aparição de elementos sobrenaturais se liga ao mundo da psicose e ao da droga. Ora, aquele que pensa como um psicótico está condenado pela sociedade de modo não menos severo que o criminoso que transgride os tabus: ele é, assim como este último, encarcerado, sua prisão se chama casa de saúde. Não é por acaso também que a sociedade reprime o emprego de drogas e encarcera, ainda uma vez, aqueles que

161

as usam: as drogas suscitam uma maneira de pensar considerada culpada. Podemos concluir que, desse ponto de vista, a introdução de elementos sobrenaturais é um meio de evitar a condenação que a sociedade lança sobre a loucura. A função do sobrenatural é subtrair o texto à ação da lei e, por esse meio, transgredi-la.

Passemos à função literária do sobrenatural. Existe uma coincidência curiosa entre os autores que cultivam o sobrenatural e os que, na obra, se preocupam particularmente com o desenvolvimento da ação, ou, se se quiser, que contam histórias: são os mesmos. Os contos de fadas nos dão a forma primeira e também a mais estável, da narrativa. Ora, é nesses contos que encontramos primeiramente acontecimentos sobrenaturais. A *Odisseia*, o *Decameron*, *Don Quixote* possuem todos, em diferentes graus, elementos maravilhosos; são, ao mesmo tempo, as maiores narrativas do passado. Na época moderna, não é diferente: são narradores, Balzac, Mérimée, Hugo, Flaubert, Maupassant, que escrevem contos fantásticos. Não se pode afirmar que exista aí uma relação de implicação, existem autores cujas narrativas não fazem apelo ao fantástico; mas a coincidência é entretanto por demais frequente para ser gratuita.

Para tentar explicá-la, é preciso indagar sobre a própria natureza da narrativa. Devemos começar por construir uma imagem da narrativa mínima, não aquela que se encontra habitualmente nos textos contemporâneos, mas a daquele núcleo sem o qual não se pode dizer que exista narrativa. A imagem será a seguinte: toda narrativa é movimento entre dois equilíbrios semelhantes mas não idênticos. No começo da narrativa, haverá sempre uma situação estável, as personagens formam uma configuração que pode ser móvel mas que conserva entretanto intatos certo número de traços fundamentais. Digamos, por exemplo, que uma criança vive no seio de sua família; ela participa de uma micro sociedade que tem suas próprias leis. Em seguida, sobrevém algo que rompe a calma, que introduz um desequilíbrio (ou, se se quiser, um equilíbrio negativo); assim, a criança deixa, por uma razão ou por outra, sua casa. No fim da história, depois de ter superado muitos obstáculos, a criança, crescida, reintegrará sua casa paterna. O equilíbrio é então restabelecido mas não é o mesmo do começo: a criança não é mais criança, é um adulto entre outros. A narrativa elementar comporta pois dois tipos de episódio: os que descrevem um estado de equilíbrio ou de desequilíbrio e os que descrevem a passagem de um a outro. Os primeiros se opõem aos segundos como o estático ao dinâmico, como a estabilidade à modificação, como o adjetivo ao verbo. Toda narrativa comporta esse esquema fundamental, se bem que seja frequentemente difícil reconhecê-lo: podemos suprimir seu começo ou seu fim, intercalar digressões, outras narrativas etc.

Procuremos agora o lugar dos elementos sobrenaturais nesse esquema. Tomemos, por exemplo, a "História dos amores de Camaralzaman" das *Mil e Uma Noites*. Este Caramalzaman é o filho do rei da Pérsia e é o mais inteligente e mais belo rapaz do reino e mesmo para além das fronteiras. Um dia, seu pai decide casá-lo; mas o jovem príncipe descobre de repente ter uma aversão insuportável pelas mulheres, e recusa categoricamente a obedecer-lhe. Para puni-lo, seu pai o fecha numa torre. Eis uma situação (de desequilíbrio) que poderia bem durar dez anos. Mas é nesse momento que o elemento sobrenatural intervém. A fada Maimune descobre um dia, em suas peregrinações, o belo rapaz e dele se encanta; ela encontra em seguida um gênio, Danhasch, que conhece a filha do rei da China, que é evidentemente a mais bela princesa do mundo; além disso, esta se recusa obstinadamente a casar-se. Para comparar a beleza dos dois heróis, a fada e o gênio transportam a princesa adormecida ao leito do príncipe adormecido; depois os despertam e os observam. Segue-se uma longa série de aventuras, em que o príncipe e a princesa vão procurar reunir-se, depois desse fugidio e noturno encontro; por fim, formam uma nova família.

Temos aí um equilíbrio inicial e um equilíbrio final perfeitamente realistas. Os acontecimentos sobrenaturais intervém para romper o desequilíbrio mediano e provocar a longa demanda do segundo equilíbrio. O sobrenatural aparece na série de episódios que descrevem a passagem de um estado a outro. Com efeito, o que poderia melhor transtornar

163

a situação estável do começo, que os esforços de todos os participantes tendem a consolidar, senão precisamente um acontecimento exterior, não só à situação, mas ao próprio mundo natural? Uma lei fixa, uma regra estabelecida: eis o que imobiliza a narrativa. Mas, para que a transgressão da lei provoque uma modificação rápida, é preciso que forças sobrenaturais intervenham; senão a narrativa corre o risco de se arrastar, esperando que um justiceiro humano perceba a ruptura do equilíbrio inicial. O elemento maravilhoso é a matéria que melhor preenche essa função precisa: trazer uma modificação da situação precedente, romper o equilíbrio (ou o desequilíbrio). Ao mesmo tempo, é preciso dizer que essa modificação pode produzir-se por outros meios, se bem que esses sejam menos eficazes.

A relação do sobrenatural com a narração torna-se então clara: todo texto fantástico é uma narrativa, pois o elemento sobrenatural modifica o equilíbrio anterior, ora, esta é a própria definição da narrativa; mas nem toda narrativa pertence ao maravilhoso, se bem que exista entre eles uma afinidade, na medida em que o maravilhoso realiza essa modificação de maneira mais rápida. Torna-se claro, afinal, que a função social e a função literária do sobrenatural são uma única: trata-se da transgressão de uma lei. Seja no interior da vida social ou da narrativa, a intervenção do elemento maravilhoso constitui sempre uma ruptura no sistema de regras preestabelecidas, e acha nisso sua justificação.

Podemos, finalmente, indagar acerca da função do próprio fantástico: isto é, não mais sobre a função do acontecimento sobrenatural, mas sobre a da reação que ele suscita. Essa pergunta parece do maior interesse, pois, se o sobrenatural e o gênero que lhe corresponde, o maravilhoso, existem desde sempre e continuam a proliferar hoje, o fantástico teve uma vida relativamente breve. Apareceu de maneira sistemática no fim do século XVIII, com Cazotte; um século mais tarde, encontramos nas novelas de Maupassant os últimos exemplos esteticamente satisfatórios do gênero. Podemos encontrar exemplos de hesitação fantástica em outras épocas, mas só excepcionalmente essa hesitação será representada.

Existe uma razão para esta curta vida? Ou ainda: por que a literatura fantástica não existe mais?

Para tentar responder a essas perguntas, é preciso examinar de mais perto as categorias que nos serviram para descrever o fantástico. O leitor e o herói, como vimos, devem decidir se tal acontecimento, tal fenômeno pertence à realidade ou ao imaginário, se é real ou não. É pois a categoria de real que serve de base à nossa definição do fantástico.

Mal tomamos consciência desse fato e devemos parar, espantados. Por sua própria definição, a literatura passa além da distinção do real e do imaginário, do que existe e do que não existe. Pode-se mesmo dizer que é em parte graças à literatura, à arte, que essa distinção se torna impossível de sustentar. O objeto literário é ao mesmo tempo real e irreal; por isso, contesta o próprio conceito de real.

De maneira mais geral, a literatura contesta toda dicotomia desse gênero. É da própria natureza da linguagem recortar o dizível em pedaços descontínuos; o nome, pelo fato de escolher uma ou várias propriedades do conceito que ele constitui, exclui todas as outras propriedades e coloca a antítese disto e seu contrário. A literatura existe pelas palavras; mas sua vocação dialética é dizer mais do que a linguagem diz, ultrapassar as divisões verbais. Ela é, no interior da linguagem, o que destrói a metafísica inerente a toda linguagem. O próprio do discurso literário é ir além da linguagem (senão ele não teria razão de ser); a literatura é como uma arma assassina pela qual a linguagem realiza seu suicídio. Mas, se assim é, essa variedade da literatura que se funda sobre divisões linguísticas como a do real e do irreal não seria literatura.

A situação é, na verdade, mais complexa: pela hesitação que cria, a literatura fantástica coloca precisamente em questão a existência dessa irredutível oposição. Mas para negar uma oposição, é preciso primeiramente conhecer seus termos; para realizar um sacrifício, é preciso saber o que sacrificar. Assim se explica a impressão ambígua que deixa a literatura fantástica: por um lado, ela representa a quintessência da literatura, na medida em que o questionamento do limite entre real e irreal, próprio de toda literatura, é seu centro explícito. Por outro lado, entretanto, ela não é mais que uma propedêutica da literatura: combatendo a metafísica da linguagem cotidiana, ela lhe dá vida; ela deve partir da linguagem, mesmo se for para recusá-la. Ora, a literatura, no sentido próprio, começa para além da oposição entre real e irreal.

Se certos acontecimentos do universo de um livro pretendem ser explicitamente imaginários, contestam assim a natureza do imaginário do resto do livro. Se tal aparição é apenas o fruto de uma imaginação superexcitada, é que tudo o que a cerca é verdadeiro, real. Longe pois de ser um elogio do imaginário, a literatura fantástica coloca a maior parte de um texto como pertencente ao real, ou mais exatamente, como provocada por ele, como um nome dado à coisa preexistente. A literatura fantástica nos deixa em mãos duas noções, a de realidade e a de literatura, tão insatisfatórias uma como a outra.

O século XIX vivia, é verdade, numa metafísica do real e do imaginário, e a literatura fantástica nada mais é que a má consciência desse século XIX positivista. Mas hoje já não se pode acreditar numa realidade imutável, externa, nem numa literatura que fosse apenas a transcrição dessa realidade. As palavras ganharam uma autonomia que as coisas perderam. A literatura que sempre afirmou essa outra visão é sem dúvida um dos móveis dessa evolução. A própria literatura fantástica, que subverteu, ao longo de suas páginas, as categorizações linguísticas, recebeu ao mesmo tempo um golpe fatal; mas dessa morte, desse suicídio nasceu uma nova literatura.

6. A DEMANDA DA NARRATIVA

É preciso tratar a literatura como literatura. Esse *slogan*, enunciado sob essa mesma forma há mais de cinquenta anos, deveria ter-se tornado um lugar-comum, perdendo pois sua força polêmica. Nada disso aconteceu, entretanto; e o apelo por uma "volta à literatura", nos estudos literários, conserva toda a sua atualidade; ainda mais, parece estar condenado a não ser mais que uma força, e nunca um estado adquirido.

Isso porque esse imperativo é duplamente paradoxal. Primeiro, as frases do tipo: "A literatura é a literatura" levam um nome preciso: são tautologias, frases onde a junção do sujeito e do predicado não produz nenhum sentido, já que esse sujeito e esse predicado são idênticos. Por outras palavras, são frases que constituem um grau zero do sentido. Por outro lado, escrever sobre um texto é produzir outro texto; desde a primeira frase articulada pelo comentador, ele falseia a tautologia, que só podia subsistir com a condição de seu silêncio. Não se pode permanecer fiel a um texto a partir do instante em que escrevemos. E mesmo se o novo texto pertence também à literatura, não se trata mais da mesma literatura. Quer se queira ou não, escreve-se: a literatura *não* é a literatura, este texto *não* é este texto...

O paradoxo é duplo; mas é precisamente nessa duplicidade que reside a possibilidade de o ultrapassar. Dizer uma tautologia como essa não é inútil, na mesma medida em que a tautologia nunca será perfeita. Poderemos jogar com a imprecisão da regra, entraremos no jogo do jogo, e a exigência "Tratar a literatura como literatura" reencontrará sua legitimidade.

Basta, para o constatar, que nos voltemos para um texto preciso e suas exegeses correntes: percebemos logo que a exigência de se tratar um texto literário como texto literário não é nem uma tautologia nem uma contradição. Um exemplo extremo nos é dado pela literatura da Idade Média: será excepcional vermos uma obra medieval examinada numa perspectiva propriamente literária. N. S. Troubetzkoy, fundador da linguística estrutural, escrevia em 1926, a respeito da história literária da Idade Média: "Lancemos um olhar sobre os manuais e os cursos universitários ligados a essa ciência. Raramente tratam da literatura com tal. Tratam da instrução (mais exatamente, da ausência de instrução), dos traços da vida social, refletidos (mais exatamente, insuficientemente refletidos) em sermões, crônicas e 'vidas', da correção dos textos eclesiásticos; em uma só palavra, tratam de numerosas questões. Mas raramente falam de literatura. Existem algumas apreciações estereotipadas, que se aplicam às mais diversas obras literárias da Idade Média: algumas dessas obras são escritas num estilo 'florido', outras, de uma maneira 'simples' ou 'ingênua'. Os autores desses manuais e desses cursos têm uma atitude precisa com relação a essas obras: ela é sempre despreziva, desdenhosa; no melhor dos casos, é desdenhosa e condescendente; mas às vezes é francamente indignada e malevolente. A obra literária da Idade Média é julgada 'interessante' não pelo que ela é, mas na medida em que reflete os traços da vida social (quer dizer que ela é julgada na perspectiva da história social não da história literária), ou ainda, na medida em que ela contém indicações, diretas ou indiretas, sobre os conhecimentos literários do autor (de preferência sobre obras estrangeiras)".

Com ligeiras nuanças, esse julgamento poderia ser aplicado também aos estudos atuais sobre a literatura medieval (Leo Spitzer o repetiria uns quinze anos mais tarde). Essas nuanças não são menosprezáveis, está claro. Um Paul Zumthor traçou novas vias para o conhecimento da literatura medieval. Comentaram-se e estudaram-se um grande número de textos, com uma precisão e uma seriedade que não devem ser subestimados. As palavras de Troubetzkoy continuam entretanto válidas para o conjunto, por mais significativas que sejam as exceções.

O texto cuja leitura aqui esboçaremos já foi objeto de um estudo atento e detalhado. Trata-se da *Demanda do Santo Graal*, obra anônima do século XIII, e do livro de Albert Pauphilet *Etudes sur la Queste del Saint Graal* (H. Champion, 1921). A análise de Pauphilet leva em conta aspectos propriamente literários do texto; tudo o que nos resta a fazer é tentar levar mais adiante essa análise.

A Narrativa Significante

"A maior parte dos episódios, uma vez narrados, são interpretados pelo autor, do modo como os doutores daquele tempo interpretavam os detalhes da Santa Escritura", escreve Albert Pauphilet.

Esse texto contém pois sua própria glosa. Mal termina uma aventura, seu herói encontra algum eremita que lhe declara não ter ele vivido uma simples aventura, mas o sinal de outra coisa. Assim, desde o início, Galaaz[1] vê várias maravilhas e não consegue compreendê-las enquanto não encontra um sábio. "Sire, diz esse último, vós me perguntastes a significação dessa aventura, ei-la. Ela apresentava três provas temíveis: a pedra pesada demais para se levantar, o corpo do cavaleiro que era necessário jogar fora e aquela voz que se ouvia e que fazia perder o sentido e a memória. Dessas três coisas, eis o sentido." E o santo homem concluía:

---

1. Adotei para os nomes próprios a forma em que aparecem no texto medieval português (Augusto Magne, *A Demanda do Santo Graal*, Rio de Janeiro, Imprensa Nacional, 1944).

"Conheceis agora a significação da coisa. – Galaaz declarou que ela tinha muito mais sentido do que ele pensara".
Nenhum cavaleiro passa ao largo dessas explicações. Eis Galvam: "Esse costume de reter as Donzelas, introduzido pelos sete irmãos, não é desprovido de significação! – Ah! sire, disse Galvam, explicai-me essa significação para que eu a possa contar quando voltar à corte". E Lançalot: "Lançalot contou-lhe as três palavras que a voz tinha pronunciado na capela, quando ele foi chamado de pedra, coluna e figueira. Por Deus, concluiu ele, dizei-me a significação dessas três coisas. Pois nunca ouvi palavra que tivesse tanto desejo de compreender". O cavaleiro pode adivinhar que sua aventura tem um segundo sentido, mas não o pode encontrar sozinho. Assim, "Boorz ficou muito espantado com essa aventura e não soube o que ela significava; mas adivinhava bem que devia ter uma significação maravilhosa".

Os detentores do sentido formam uma categoria à parte entre as personagens: são os "santos homens", eremitas, abades e reclusas. Assim como os cavaleiros não podiam saber, estes não podiam agir; nenhum deles participará de uma peripécia: salvo nos episódios de interpretação. As duas funções estão rigorosamente distribuídas entre as duas classes de personagens; essa distribuição é tão bem conhecida, que os próprios heróis a ela se referem: "Vimos tanta coisa, adormecidos ou acordados, continuou Galvam, que deveríamos pôr-nos à procura de um eremita que nos explicasse o sentido de nossos sonhos". No caso de não conseguirem descobrir um, o próprio céu intervém e "uma voz se faz ouvir", explicando tudo.

Confrontamo-nos pois, desde o início, e de maneira sistemática, com uma narrativa dupla, com dois tipos de episódios, de natureza distinta, mas que dizem respeito ao mesmo acontecimento e que se alternam regularmente. O fato de tomar os acontecimentos terrestres como sinais de vontades celestiais era coisa corrente na literatura da época. Mas enquanto outros textos separavam totalmente o significante do significado, omitindo o segundo, contando com sua notoriedade, *A Demanda do Graal* põe os dois tipos de episódios uns ao lado dos outros; a interpretação está incluída na trama da narrativa. Metade do texto trata das aventuras, a outra, do texto que as descreve. O texto e o metatexto são postos em continuidade.

Essa forma de equação poderia já nos prevenir contra uma distinção demasiadamente nítida dos sinais e suas interpretações. Uns e outros episódios se ligam (sem nunca se identificar entre si) por isto de comum: os sinais, assim como sua interpretação, não são outra coisa senão *narrativas*. A narrativa de uma aventura significa uma outra narrativa; são as coordenadas espaço-temporais do episódio que mudam, não sua própria natureza. Isso era, ainda uma vez, coisa corrente na Idade Média, que estava habituada a decifrar as narrativas do Velho Testamento como designando narrativas do Novo Testamento; e encontramos exemplos dessa transposição, na *Demanda do Graal*. "A morte de Abel, naquele tempo em que só havia três homens sobre a terra, anunciava a morte do verdadeiro Crucificado; Abel significava a Vitória e Caim representava Judas. Assim como Caim saudou seu irmão antes de o matar, Judas devia saudar o Senhor antes de o entregar à morte. Esses dois mortos se harmonizam bem, senão em altura, pelo menos como significado". Os comentadores da Bíblia estão à procura de uma invariante comum às diferentes narrativas.

Na *Demanda do Graal*, as interpretações remetem, com maior ou menor imprecisão, a duas séries de acontecimentos. A primeira pertence a um passado distante de algumas centenas de anos: ela diz respeito a José de Arimateia, a seu filho Josefes, ao rei Mordrain e ao rei Méhaignié; é esta a série habitualmente designada pelas aventuras dos cavaleiros ou seus sonhos. Ela própria, por sua vez, não é mais que uma nova "semelhança" com respeito à vida de Cristo. A relação das três é claramente estabelecida durante a narrativa das três mesas, feita a Persival por sua tia: "Sabeis que desde o advento de Jesus Cristo, houve três mesas principais no mundo. A primeira foi a mesa de Jesus Cristo, onde os apóstolos comeram várias vezes. (...) Depois dessa mesa, houve uma outra à semelhança e memória da primeira. Foi a Távola do Santo Graal, da qual se viu tão grande milagre nesse país no tempo de José de Arimateia, no começo da Cristandade sobre a terra. (...) Depois dessa mesa, houve ainda a Távola Redonda, estabelecida segundo o conselho de Merlim, e para uma alta significação". Cada acontecimento da última série significa acontecimentos das séries precedentes. Assim, durante as primeiras provas de Galaaz, existe a do escudo; uma vez terminada a aventura, um enviado do céu aparece em cena. "Escutai-me, Galaaz. – Quarenta e dois anos depois da paixão de Jesus Cristo aconteceu que José de Arimateia (...) deixou Jerusalém com numerosos parentes. Caminharam" etc; segue-se outra aventura, mais ou menos semelhante à que aconteceu a Galaaz e que constitui o sentido desta. O mesmo sucede quanto às referências à vida de Cristo, essas mais discretas, já que sua matéria é mais conhecida. "Pela semelhança senão pela grandeza, deve-se comparar vossa vinda à de Cristo, diz um santo homem a Galaaz. E da mesma forma ainda que os profetas, bem antes de Jesus Cristo, tinham anunciado sua vinda, e que ele livraria o homem do inferno, assim os eremitas e os santos anunciaram vossa vinda há mais de vinte anos."

A semelhança entre os sinais-a-interpretar e sua interpretação não é puramente formal. A melhor prova disso é o fato de que, às vezes, acontecimentos que pertenciam ao primeiro grupo aparecem em seguida no segundo. Assim, em particular, um sonho estranho de Galvam, onde ele vê uma tropa de touros de pelo malhado. O primeiro santo homem encontrado lhe explica que se trata precisamente da procura do Graal, da qual ele, Galvam, participa. Os touros dizem no sonho: "Vamos procurar em outra parte melhor pasto", o que remete aos Cavaleiros da Távola Redonda, que disseram no dia de Pentecostes: "Vamos à procura do Santo Graal" etc. Ora, a narrativa do juramento feito pelos cavaleiros da Távola Redonda se encontra nas primeiras páginas da *Demanda*, e não num passado legendário. Não há pois nenhuma diferença de natureza entre as narrativas-significantes e as narrativas-significadas, já que podem aparecer umas no lugar das outras. A narrativa é sempre significante; significa outra narrativa.

A passagem de uma narrativa a outra é possível graças à existência de um código. Esse código não é invenção pessoal do autor da *Demanda*, ele é comum a todas as obras da época: consiste em ligar um objeto a outro; podemos facilmente conceber a constituição de um verdadeiro léxico.

Eis um exemplo desse exercício de tradução. "Quando ela te conquistou com suas palavras mentirosas, fez alçar seu pavilhão e te disse: 'Persival, vem descansar até que a noite desça e retira-te desse sol que te queima)'. Essas palavras têm maior significado e ela queria dizer coisa bem diversa do que a que pudeste ouvir. O pavilhão, que era redondo como o universo, representa o mundo, que nunca será sem pecado; e porque o pecado aí habita sempre, ela não queria que fosses alojado noutra parte. Dizendo-te que te sentasses e que te repousasses, queria significar que fosses ocioso e que alimentasses teu corpo com gulodices terrestres. (...) Ela te chamava, pretextando que o sol ia queimar-te, e não é surpreendente que ela o temesse. Pois quando o sol, que significa Jesus Cristo, a verdadeira luz, abrasa o homem com o fogo do Espírito Santo, o frio e o gelo do Inimigo não podem mais fazer-lhe mal, pois seu coração está fixado no grande sol."

A tradução vai pois do mais conhecido ao menos conhecido, por mais surpreendente que isso possa parecer. São as ações cotidianas; sentar-se, alimentar-se, os objetos mais corriqueiros: o pavilhão, o sol, que se revelam como sinais incompreensíveis para as personagens e que precisam ser traduzidos na língua dos valores religiosos. A relação entre a série-a-traduzir e a tradução estabelece-se através de uma regra que se poderia chamar de "identificação pelo predicado". O pavilhão é redondo: o universo é redondo; portanto, o pavilhão pode significar o universo. A existência de um predicado comum permite aos dois sujeitos tornarem-se o significante um do outro. Ou ainda: o sol é luminoso; Jesus Cristo é luminoso; portanto, o sol pode significar Jesus Cristo.

Reconhece-se nessa regra de identificação pelo predicado o mecanismo da metáfora. Essa figura, ao mesmo título que as outras figuras da retórica, se encontra na base de todo sistema simbólico. As figuras repertoriadas pela retórica são casos particulares de uma regra abstrata, que preside ao nascimento de significação em toda atividade humana, do sonho à magia. A existência de um predicado comum torna o sinal motivado; o arbitrário do sinal, que caracteriza a língua cotidiana, parece ser um caso excepcional.

Entretanto o número de predicados (ou de propriedades) que se podem ligar a um sujeito é ilimitado; os significados possíveis de qualquer objeto, de qualquer ação são portanto infinitos. No interior de um único sistema de interpretação, já se propõem vários sentidos: o santo homem que explica a Lançalot a frase "Tu és mais duro que a pedra", mal termina a primeira explicação, enceta uma nova: "Mas, se se quiser, pode-se entender "pedra" de outra maneira ainda". A cor negra significa o pecado numa aventura de Lançalot; a Santa Igreja e portanto a virtude, num sonho de Boorz. Isso permite ao inimigo, vestido de padre, propor falsas interpretações aos crédulos cavaleiros. Ei-lo, dirigindo-se a Boorz: "O pássaro que se parecia com um cisne significa uma donzela que te ama há muito e que logo virá pedir-te que sejas seu amigo. (...) O pássaro negro é o grande pecado que te fará recusá-la..." E eis, algumas páginas além, a outra interpretação, dada por um padre não disfarçado: "O pássaro negro que vos apareceu é a Santa Igreja, que diz: Sou negra mas sou bela, sabei que minha cor escura vale mais que a brancura de outrem". Quanto ao pássaro branco, que se parecia com um cisne, era o Inimigo. "Com efeito, o cisne é branco por fora e negro por dentro" etc.

Como encontrar o caminho, nesse arbitrário das significações, arbitrário muito mais perigoso que o da linguagem comum? O representante do bem, e o representante do mal se servem da mesma regra geral de "identificação pelo predicado". Pois não é graças a ela que teríamos podido descobrir a falsidade da primeira interpretação; mas porque, e isso é essencial, o número dos significados é reduzido e sua natureza é conhecida de antemão. O pássaro branco não podia significar uma donzela inocente, pois os sonhos nunca falam delas; só pode significar, em última análise, duas coisas: Deus e o demônio. Certa interpretação psicanalítica dos sonhos não é feita de outro modo; o arbitrário transbordante que dá toda interpretação pelo predicado comum é circunscrito e regularizado pelo fato de se saber o que se vai descobrir: "as ideias de si e dos parentes imediatamente consanguíneos, os fenômenos do nascimento, do amor e da morte" (Jones). Os significados são dados de antemão, aqui como lá. A interpretação dos sonhos, que se encontra na *Demanda do Graal*, obedece às mesmas leis que as de Jones, e comporta o mesmo número de *a priori*; somente a natureza dos *a priori* é diferente. Eis um último exemplo (análise de um sonho de Boorz): "Uma das flores se inclinava para a outra para lhe tirar a brancura, como o cavaleiro tentou deflorar a donzela. Mas o santo homem os separava, o que significa que Nosso Senhor, que não queria sua perda, vos enviou para separá-los e salvar a brancura de ambos..."

Não bastará que os significantes e os significados, as narrativas a interpretar e as interpretações sejam da mesma natureza. *A Demanda do Graal* vai mais longe; ela nos diz: o significado *é* significante, o inteligível *é* sensível. Uma aventura é *ao mesmo tempo* uma aventura real e o símbolo de outra aventura; nisso a narrativa medieval se distingue das alegorias às quais estamos habituados, e nas quais o sentido literal se tornou pura transparência, sem nenhuma lógica própria. Pensemos nas aventuras de Boorz. Esse cavaleiro chega uma noite a uma "forte e alta torre"; aí fica para passar a noite; enquanto está sentado à mesa com a "dama deste lugar", um criado entra para anunciar que a irmã mais velha desta vem contestar-lhe a propriedade de seus bens; que salvo se ela enviar, no dia seguinte, um cavaleiro, para encontrar um representante de sua irmã mais velha em combate singular, ela será privada de suas terras. Boorz propõe seus serviços para defender a causa de sua anfitriã. No dia seguinte, vai ao campo do encontro e uma rude peleja se trava. "Os dois cavaleiros eles próprios se afastam, depois se lançam a galope, um sobre o outro, e se golpeiam tão duramente que seus escudos se furam e suas cotas se rasgam. (...) Por cima, por baixo, dilaceram seus escudos, arrebentam suas cotas nos quadris e nos braços; ferem-se profundamente, fazendo jorrar o sangue sob as claras espadas cortantes. Boorz encontra no cavaleiro uma resistência bem maior do que esperava." Trata-se pois de um combate real, onde se

175

pode ser ferido, onde é preciso empregar todas as suas forças (físicas) para levar a bom termo a aventura.

Boorz ganha o combate; a causa da irmã mais nova está salva e nosso cavaleiro vai à cata de outras aventuras. Entretanto, depara-se com um santo homem que lhe explica que a dama não era absolutamente uma dama, nem o cavaleiro-adversário um cavaleiro. "Por essa dama, entendemos a Santa Igreja, que conserva a cristandade na verdadeira fé, e que é o patrimônio de Jesus Cristo. A outra dama, que tinha sido deserdada e lhe declarava guerra, é a Antiga Lei, o inimigo que guerreia sempre contra a Santa Igreja e os seus." Portanto, aquele combate não era um combate terrestre e material, mas simbólico; eram duas ideias que lutavam, não dois cavaleiros. A oposição entre material e espiritual é continuamente posta e negada.

Tal concepção do sinal contradiz nossos hábitos. Para nós, o combate deve desenrolar-se ou no mundo material ou no das ideias; é terrestre ou celeste, mas não os dois ao mesmo tempo. Se são duas ideias que lutam, o sangue de Boorz não pode ser derramado, só seu espírito é concernido. Sustentar o contrário é infringir uma das leis fundamentais de nossa lógica, que é a lei do terceiro excluído. Isto e o contrário não podem ser verdadeiros ao mesmo tempo, diz a lógica do discurso cotidiano; *A Demanda do Graal* afirma exatamente o oposto. Todo acontecimento tem um sentido literal e um sentido alegórico.

Essa concepção da significação é fundamental para *A Demanda do Graal* e é por causa dela que temos dificuldade em compreender o que é o Graal, entidade ao mesmo tempo material e espiritual. A intersecção impossível dos contrários é entretanto constantemente afirmada: "Eles que até então não eram mais que espírito, embora tivessem um corpo", dizem-nos de Adão e Eva, e de Galaaz: "Pôs-se a tremer porque sua carne mortal percebia as coisas espirituais". O dinamismo da narrativa repousa sobre essa fusão dos dois em um.

Pode-se dar, desde já, a partir dessa imagem da significação, uma primeira estimativa acerca da natureza da demanda e acerca do sentido do Graal: a busca do Graal é a busca de um código. Encontrar o Graal é aprender a decifrar a linguagem divina, o que quer dizer, como vimos, fazer seus os *a priori* do sistema; aliás, como em psicanálise, não se trata aqui de uma aprendizagem abstrata (qualquer um conhece os princípios da religião, como hoje do tratamento psicanalítico), mas de uma prática muito personalizada. Galaaz, Persival e Boorz conseguem, de modo mais ou menos fácil, interpretar os sinais de Deus. Lançalot, o pecador, apesar de toda a sua boa vontade, não o consegue. No limiar do palácio, onde ele poderia contemplar a divina aparição, vê dois leões montando guarda. Lançalot traduz: perigo, e tira sua espada. Mas este é o código profano e não divino. "Imediatamente viu vir do alto uma mão toda inflamada que o golpeou rudemente no braço e fez voar sua espada. Uma voz lhe disse: – Ah! homem de pouca fé e crença medíocre, por que te fias em teu braço mais do que em teu Criador? Miserável, acreditas que Aquele que te tomou em seu serviço não seja mais poderoso que tuas armas?" O acontecimento deveria pois ser traduzido como: prova de fé. Por essa mesma razão, no interior do palácio, Lançalot não verá mais que uma parte ínfima do mistério do Graal. Ignorar o código é ver recusar-se para sempre o Graal.

Estrutura da Narrativa

Pauphilet escreve: "Esse conto é uma reunião de transposições das quais cada uma, tomada à parte, revela com exatidão nuanças do pensamento. É preciso trazê-las à sua significação moral para descobrir seu encadeamento. O autor compõe, por assim dizer, nó plano abstrato e traduz em seguida".

A organização da narrativa se faz pois no nível da interpretação e não no dos acontecimentos-a-interpretar. As combinações desses acontecimentos são por vezes singulares, pouco coerentes, mas isto não quer dizer que a narrativa seja destituída de organização; simplesmente, essa organização se situa no nível das ideias, não no dos acontecimentos. Tínhamos falado, a esse propósito, da oposição entre causalidade episódica e causalidade filosófica; e Pauphilet aproxima, com justeza, essa narrativa do conto filosófico do século XVIII.

A substituição de uma lógica por outra não se produz sem problemas. Nesse movimento, *A Demanda do Graal* revela uma dicotomia profunda, a partir da qual se elaboram diferentes mecanismos. Torna-se então possível explicitar, a partir da análise desse texto particular, certas categorias gerais da narrativa.

Tomemos as provas, acontecimento dos mais frequentes na *Demanda do Graal*. A prova já está presente nas primeiras narrativas folclóricas; consiste na reunião de dois acontecimentos, sob a forma lógica de uma frase condicional: "Se X fizer tal ou tal coisa, então acontecer-(lhe)-á isto ou aquilo". Em princípio, o acontecimento do antecedente oferece certa dificuldade, enquanto o do consequente é favorável ao herói. *A Demanda do Graal* conhece, está claro, essas provas com suas variações: provas positivas, ou proezas (Galaaz retira a espada do padrão), e negativas, ou tentações (Persival consegue não sucumbir aos encantos do diabo transformado em bela jovem); provas bem sucedidas (principalmente as de Galaaz) e provas malogradas (as de Lançalot), que inauguram respectivamente duas séries simétricas: prova-êxito--recompensa ou prova-malogro-penitência.

Existe aqui uma outra categoria que permite melhor situar as diferentes provas. Se se comparam as provas a que são submetidos Persival ou Boorz, de um lado, com as de Galaaz, de outro, percebe-se uma diferença essencial. Quando Persival empreende uma aventura, não sabemos de antemão se ele sairá vitorioso ou não; às vezes ele malogra, às vezes triunfa. A prova modifica a situação precedente: antes da prova, Persival (ou Boorz) não era digno de continuar a procura do Graal; depois dela, se ele triunfa, o é. O mesmo não acontece no que concerne a Galaaz. Desde o começo do texto, Galaaz é indicado como o Bom Cavaleiro, o invencível, o que acabará as aventuras do Graal, imagem e reencarnação de Jesus Cristo. É impensável que Galaaz malogre; a forma condicional da partida não é mais respeitada. Galaaz não é eleito porque ele triunfa nas provas, mas triunfa nas provas porque é eleito.

Isso modifica profundamente a natureza da prova; impõe--se mesmo distinguir dois tipos de provas e dizer que as de Persival ou Boorz são provas narrativas, enquanto as de Galaaz, provas rituais. Com efeito, as ações de Galaaz assemelham-se muito mais a ritos do que a aventuras comuns. Sentar-se sobre o Trono Perigoso sem perecer; retirar a espada do padrão; usar o escudo sem perigo etc, não são verdadeiras provas. O Trono era inicialmente destinado a "seu mestre"; mas quando Galaaz dele se aproxima, a inscrição se transforma em "Este é o trono de Galaaz". Será pois uma proeza da parte de Galaaz sentar-se nele? O mesmo para com a espada: o rei Artur declara que "os mais famosos cavaleiros de minha casa malograram hoje na tentativa de tirar esta espada do padrão"; ao que Galaaz responde judiciosamente: "Sire, não é nada de maravilhar, pois se a aventura me pertencia não podia ser deles". O mesmo acontece ainda com o escudo que traz má sorte a todos salvo a um; o cavaleiro celeste já tinha explicado: "Toma este escudo e leva-o (…) ao bom cavaleiro que se chama Galaaz (…) Dize-lhe que o Grande Mestre ordena que ele o use" etc. Não há, novamente aqui, nenhuma proeza, Galaaz apenas obedece às ordens vindas do alto, não faz mais que seguir o rito que lhe é prescrito.

Quando se descobre a oposição entre o narrativo e o ritual, na *Demanda*, percebe-se que os dois termos dessa oposição se projetam sobre a continuidade da narrativa, de modo que esta se divide esquematicamente em duas partes. A primeira se parece com a narrativa folclórica, é narrativa no sentido clássico da palavra; a segunda é ritual, pois a partir de certo momento nada mais acontece de surpreendente, os heróis se transformam em servidores de um grande rito, o rito do Graal (Pauphilet fala a esse respeito de Provas e Recompensas). Esse momento se situa no encontro de Galaaz com Persival, Boorz e a irmã de Persival; esta última enuncia o que os cavaleiros devem fazer e a narrativa não é mais que a realização de suas palavras. Estamos então no oposto da narrativa folclórica, tal qual ela aparece ainda na primeira parte, apesar da presença do ritual em torno a Galaaz.

A Demanda do Graal é construída sobre a tensão entre essas duas lógicas: a narrativa e a ritual, ou, se se quiser, a profana e a religiosa. Podemos observar ambas desde as primeiras páginas: as provas, os obstáculos (como a oposição do rei Artur ao começo da demanda) pertencem à lógica narrativa habitual; em compensação, a aparição de Galaaz, a decisão da demanda – isto é, os acontecimentos importantes da narrativa – se ligam à lógica ritual. As aparições do Santo Graal não se encontram numa relação necessária com as provas dos cavaleiros que se prosseguem nesse ínterim.

A articulação dessas duas lógicas se faz a partir de duas concepções contrárias do tempo (e nenhuma delas coincide com a que é mais habitual). A lógica narrativa implica, idealmente, uma temporalidade que se poderia qualificar como sendo a do "presente perpétuo". O tempo é aqui constituído pelo encadeamento de inúmeras instâncias do discurso; ora, estas definem a própria ideia do presente. Fala-se a todo instante do acontecimento que se produz durante o próprio ato de falar; existe um paralelismo perfeito entre a série dos acontecimentos de que se fala e a série das instâncias do discurso. O discurso nunca está atrasado, nunca adiantado com relação ao que evoca. A todo instante também, as personagens vivem no presente, e somente no presente; a sucessão dos acontecimentos é regida por uma lógica própria, não é influenciada por nenhum fator externo.

Em compensação, a lógica ritual repousa sobre uma concepção do tempo que é a da "eterna volta". Nenhum acontecimento se produz aqui pela primeira nem pela última vez. Tudo já foi anunciado; e anuncia-se agora o que virá a seguir. A origem do rito se perde na origem dos tempos; o que nele importa, é que ele constitui uma regra já presente, já existente. Contrariamente ao caso precedente, o presente "puro" ou "autêntico" que sentimos plenamente como tal, não existe. Nos dois casos, o tempo está de certa forma suspenso, mas de maneira diversa: a primeira vez, pela hipertrofia do presente, a segunda, por seu desaparecimento.

A Demanda do Graal conhece, como toda narrativa, uma e outra lógicas. Quando uma prova se desenrola e não sabemos como terminará; quando a vivemos com o herói instante após instante e o discurso permanece colado ao acontecimento; a narrativa obedece evidentemente à lógica narrativa e habitamos o presente perpétuo. Quando, ao contrário, a prova é começada e anuncia-se que seu resultado foi predito há séculos, que ela não é mais, por conseguinte, do que a ilustração de predição, estamos na "eterna volta" e a narrativa se desenrola segundo a lógica ritual. Esta segunda lógica assim como a temporalidade do tipo "eterna volta" são aqui vencedores do conflito entre as duas.

Tudo foi predito. No momento em que acontece a aventura, o herói fica sabendo que está apenas realizando uma predição. Os acasos do caminho levam Galaaz a um mosteiro; começa a aventura do escudo; de repente, o cavaleiro celeste anuncia: tudo foi previsto. "Eis pois o que fareis, diz Josefes. Colocai o escudo no lugar onde será enterrado Naciam. Ali chegará Galaaz, cinco dias depois de ter recebido a ordem da cavalaria. – Tudo se realizou como ele tinha anunciado, já que no quinto dia chegastes a esta abadia onde jaz o corpo de Naciam." Não havia acaso nem mesmo aventura: Galaaz simplesmente representou seu papel num rito preestabelecido.

Sire Galvam recebe um rude golpe da espada de Galaaz; lembra-se imediatamente: "Eis confirmada a palavra que ouvi no dia de Pentecostes, a propósito da espada que tomei na mão. Foi-me anunciado que dentro de não muito tempo receberia dela um golpe terrível, e é a própria espada com que este cavaleiro acaba de me golpear. O fato se realizou tal qual me foi predito". O mínimo gesto, o mais ínfimo incidente, pertencem ao passado e ao presente ao mesmo tempo: os cavaleiros da Távola Redonda vivem num mundo feito de repetições.

Esse futuro retrospectivo, restabelecido no momento da realização de uma predição, é completado pelo futuro prospectivo, onde se é colocado diante da própria predição. O desenlace da intriga é contado desde as primeiras páginas, com todos os detalhes necessários. Eis o que diz a tia de Persival: "Pois sabemos bem, neste país como em outros lugares, que no final três cavaleiros terão, mais do que todos os outros, a glória da Demanda: dois serão virgens e o terceiro casto. Dos dois virgens, um será o cavaleiro que procurais e vós o outro; o terceiro será Boorz de Gaunes. Esses três terminarão a Demanda". O que poderia ser mais claro e mais definitivo? E para que não se esqueça a predição, ela nos é constantemente repetida. Ou ainda, a irmã de Persival, que prevê onde seu irmão morrerá: "Por minha honra, fazei com que eu seja enterrada no Palácio Espiritual. Sabeis por que vo-lo peço? Porque Persival aí repousará e vós ao seu lado".

O narrador da *Odisseia* se permitia declarar, vários cantos antes que um acontecimento se verificasse, como ele la desenrolar-se. Assim, a propósito de Antinoo: "Será ele o primeiro a experimentar as flechas enviadas pela mão do eminente Ulisses" etc. Mas o narrador da *Demanda* faz exatamente a mesma coisa, não há diferença na técnica narrativa dos dois textos (nesse ponto preciso). "Ele tirou seu elmo; Galaaz fez o mesmo; e trocaram um beijo, porque se amavam com grande amor: isso se viu em sua morte, pois um sobreviveu bem pouco ao outro."

Afinal, se todo o presente estava já contido no passado, o passado, este, continua presente no presente. A narrativa volta a todo instante, se bem que sub-repticiamente, sobre si própria. Quando se lê o começo da Demanda, acredita-se compreender tudo: eis os nobres cavaleiros que decidem partir à demanda etc. Mas é preciso que o presente se torne passado, lembrança, repetição, para que outro presente nos ajude a compreender. Aquele Lançalot que acreditávamos tão forte e perfeito é um pecador incorrigível: vive em adultério com a rinha Genievra. Aquele Sire Galvam, que foi o primeiro a fazer o voto de partir à Demanda, não a terminará nunca, pois seu coração é duro e ele não pensa suficientemente em Deus. Aqueles cavaleiros que admirávamos no começo são pecadores inveterados que serão punidos: não se confessam há anos. O que observávamos ingenuamente nas primeiras páginas era apenas aparência, um simples presente. A narrativa consistirá numa aprendizagem do passado. Mesmo as aventuras que nos pareciam obedecer à lógica narrativa revelam-se como sinais de outra coisa, das partes de um imenso ritual.

O interesse do leitor (e lê-se *A Demanda do Graal* com certo interesse) não vem, como se vê, da pergunta que provoca habitualmente esse interesse: que acontece depois? Sabe-se bem, e desde o início, o que acontecerá, quem atingirá o Graal, quem será punido e por quê. O interesse nasce de uma pergunta bem diferente, que é: o que é o Graal? Trata-se de dois tipos diferentes de interesse, e também de dois tipos de narrativa. Um se desenrola numa linha horizontal: queremos saber o que cada acontecimento provoca, o que ele faz. O outro representa uma série de variações que se empilham numa vertical; o que se procura acerca de cada acontecimento é o que ele é. A primeira é uma narrativa de contiguidade, a segunda, de substituições. No nosso caso sabemos desde o começo que Galaaz terminará vitoriosamente a demanda: a narrativa de contiguidade é sem interesse; mas não se sabe exatamente o que é o Graal, e isso dá lugar a uma apaixonante narrativa de substituições, na qual se chega, lentamente, à compreensão do que estava colocado desde o início.

Essa mesma oposição se encontra, está claro, em outras obras. Os dois tipos fundamentais de romance policial: o romance de mistério e o romance de aventuras, ilustram essas mesmas duas possibilidades. No primeiro caso, a história é dada desde as primeiras páginas, mas é incompreensível: um crime cometido quase sob nossos olhos mas não conhecemos seus verdadeiros agentes nem seus verdadeiros móveis. O inquérito consiste em voltar constantemente aos mesmos acontecimentos, em verificar e corrigir os menores detalhes, até que no fim se revele a verdade dessa mesma história inicial. No outro caso, não há mistério, nem volta atrás: cada acontecimento provoca um outro e o interesse que concedemos à história não vem da espera de uma revelação sobre os dados iniciais; é a de suas consequências que mantém o suspense. A construção cíclica de substituições se opõe novamente à construção unidirecional e contígua.

De uma maneira mais geral, pode-se dizer que o primeiro tipo de organização é mais frequente na ficção, o segundo, em poesia (ficando bem entendido que elementos das duas se encontram sempre juntos numa mesma obra). Sabe-se que a poesia se funda essencialmente sobre a simetria, sobre a repetição (sobre uma ordem espacial) enquanto a ficção é construída sobre relações de causalidade (uma ordem lógica) e de sucessão (uma ordem temporal). As substituições possíveis representam outras tantas substituições, e não é por acaso se uma confissão explícita da obediência a essa ordem aparece precisamente na última parte da *Demanda*, aquela onde a causalidade narrativa ou a contiguidade não representam mais nenhum papel. Galaaz gostaria de levar consigo seus companheiros; Cristo lhe recusa isso, alegando como razão apenas a repetição, não uma causa utilitária. "Ah! Sire, disse Galaaz, por que não permitis que todos venham comigo? – Porque não o quero e porque isto deve fazer-se à semelhança de meus Apóstolos"...

Das duas técnicas principais de combinação de intrigas, o encadeamento e o encaixe, é a segunda que se deve esperar descobrir aqui; e é o que acontece. As narrativas encaixadas abundam em particular na última parte do texto, onde têm uma dupla função: oferecer uma nova variação sobre o mesmo tema e explicar os símbolos que continuam a aparecer na história. Com efeito, as sequências de interpretação, frequentes na primeira parte da narrativa, desaparecem aqui; a distribuição complementar das interpretações e das narrativas encaixadas indica que as duas têm função semelhante. A "significância" da narrativa se realiza agora através das histórias encaixadas. Quando os três companheiros e a irmã de Persival sobem à nau, todo objeto que aí se encontra torna-se o pretexto de uma narrativa. Ainda mais: todo objeto é o resultado de uma narrativa, seu último elo. As histórias encaixadas fornecem o dinamismo que falta então à narrativa-moldura: os objetos se tornam heróis da história, enquanto os heróis se imobilizam como objetos.

A lógica narrativa é violentamente atacada durante toda a história. Restam entretanto algumas marcas do combate, como que para nos lembrar sua intensidade. Assim, naquela cena terrível em que Lionel, desvairado, quer matar seu irmão Boorz ou naquela outra em que a donzela, irmã de Persival, dá seu sangue para salvar uma doente. Esses episódios se contam entre os mais desconcertantes do livro e é ao mesmo tempo difícil descobrir sua função. Servem, está claro, a caracterizar as personagens, a reforçar a "atmosfera"; mas temos também a sensação de que a narrativa retomou aqui seus direitos, que ela consegue emergir, para além das inúmeras grades funcionais e significantes, na não significação que acaba por ser também a beleza.

Existe um espécie de consolo em encontrar, numa narrativa em que tudo é organizado, em que tudo é significante, uma passagem que exibe audaciosamente seu contrassenso narrativo e que forma assim o melhor elogio possível da narrativa. Dizem-nos, por exemplo: "Galaaz e seus dois companheiros cavalgaram tão bem que em menos de quatro dias se encontraram à beira-mar. Teriam podido chegar mais cedo, mas não conhecendo muito bem o caminho, não tinham tomado o mais curto". Qual a importância? – Ou ainda, de Lançalot: "Ele olhou em torno, sem descobrir seu cavalo; mas depois de muito o procurar, encontrou-o, selou-o e montou". O "detalhe inútil" é talvez, de todos, o mais útil à narrativa.

A Demanda do Graal

Que é o Graal? Essa pergunta suscitou múltiplos comentários; citemos a resposta dada pelo mesmo Pauphilet: "O Graal é a manifestação romanesca de Deus. A demanda do Graal, por conseguinte, não é mais do que, sob o véu da alegoria, a procura de Deus, o esforço dos homens de boa vontade em direção do conhecimento de Deus". Pauphilet afirma essa interpretação em face de outra, mais antiga e mais literal, que, fundamentando-se em algumas passagens do texto, queria ver no Graal um simples objeto material (se bem que ligado ao rito religioso), um recipiente que serve à missa. Mas já sabemos que, na *Demanda do Graal*, o inteligível e o sensível, o abstrato e o concreto, podem ser um só; assim, não ficaremos surpresos ao ler certas descrições do Graal apresentando-o como um objeto material e outras, como uma entidade abstrata. Por um lado, o Graal é igual a Jesus Cristo e tudo o que este simboliza: "Viram então sair do Santo-Vaso um homem nu, cujos pés, mãos e corpo sangravam, e que lhes disse: 'Meus cavaleiros, meus soldados, meus filhos leais, vós que nesta vida mortal vos tornastes criaturas espirituais, e que tanto me procurastes que não posso mais me ocultar a vossos olhos'" etc. Por outras palavras, o que os cavaleiros procuravam – o Graal – era Jesus Cristo. Por outro lado, algumas páginas adiante, lemos: "Quando olharam para o interior da nave, viram sobre o leito a mesa de prata que tinham deixado na casa do rei Méhaignié. Aí se encontrava o Santo Graal, coberto com um pano de seda vermelha". Não é evidentemente Jesus Cristo que aí repousa coberto de um tecido, mas um recipiente. A contradição não existe, como se viu, senão para nós que queremos isolar o sensível do inteligível. Para o conto, "o alimento do Santo Graal sustenta a alma ao mesmo tempo que alimenta o corpo". O Graal é as duas coisas ao mesmo tempo.

Entretanto, o simples fato de que essas dúvidas existam sobre a natureza do Graal é significativo. A narrativa conta a procura de algo; ora, os que procuram ignoram sua natureza. São obrigados a procurar não o que a palavra designa mas o que ela significa; é uma procura de sentido ("a demanda do Santo Graal... não cessará antes que se *saiba* a verdade"). É impossível estabelecer quem menciona o Graal em primeiro lugar; a palavra parece ter estado sempre lá; mas, mesmo depois da última página, não estamos certos de compreender bem seu sentido: a procura daquilo que o Graal quer dizer não está nunca terminada. Por esse fato, somos continuamente obrigados a relacionar esse conceito com outros, que aparecem no decorrer do texto. Desse relacionamento resulta uma nova ambiguidade, menos direta que a primeira mas também mais reveladora.

A primeira série de equivalências e oposições liga o Graal a Deus mas também, por intermédio da aventura, à narrativa. As aventuras são enviadas por Deus; se Deus não se manifesta, não há mais aventuras. Jesus Cristo diz a Galaaz: "É preciso pois que aí vás e acompanhes esse Santo Vaso que partirá esta noite do reino de Logres, onde não o reverão jamais e onde não acontecerá mais nenhuma aventura". O bom cavaleiro Galaaz tem tantas aventuras quantas quer; os pecadores, como Lançalot e sobretudo como Galvam, procuram em vão aventuras. "Galvam... foi por muitos dias sem encontrar aventura"; encontra Ivam: "Nada, respondeu ele, não tinha encontrado aventura"; parte, com Estor: "Caminharam oito dias sem nada encontrar". A aventura é ao mesmo tempo uma recompensa e um milagre divino; basta perguntá-lo a um santo homem que revelaria imediatamente a verdade. "Peço-vos que nos digais, disse Sire Galvam, por que não encontramos mais tantas aventuras como antigamente. – Eis a razão, disse o santo homem. As aventuras que acontecem agora são os sinais e as aparições do Santo Graal..."

Deus, o Graal e as aventuras formam pois um paradigma cujos elementos têm todos um sentido semelhante. Mas sabe-se, por outro lado, que a narrativa não pode nascer se não se tiver uma aventura a relatar. É disso que se queixa Galvam: "Sire Galvam... cavalgou por muito tempo sem encontrar nenhuma aventura que valha a pena lembrar. (...) Um dia, encontrou Estor de Mares que cavalgava sozinho e reconheceram-se com alegria. Mas queixaram-se um ao outro de não ter nenhuma proeza extraordinária a contar". A narrativa se coloca, pois, no outro extremo da série de equivalências, que parte do Graal e passa por Deus e pela aventura; o Graal não é nada mais que uma narrativa.

Existe, entretanto, outra série da qual a narrativa faz igualmente parte e cujos termos não se assemelham absolutamente aos da primeira. Vimos já que a lógica narrativa estava constantemente em segundo plano com relação a uma outra lógica ritual e religiosa; a narrativa é a grande vítima desse conflito. Por quê? Porque a narrativa, tal qual existe na época da *Demanda*, se liga ao pecado e não à virtude; ao demônio, não a Deus. As personagens e os valores tradicionais do romance de cavalaria são não somente contestados como escarnecidos. Lançalot e Galvam eram os campeões desses romances; aqui são humilhados a cada página e não cessam de repetir-lhes que as proezas de que eles são capazes têm pouco valor ("E não acrediteis que as aventuras de agora sejam de massacrar homens ou de matar cavaleiros", diz o santo homem a Galvam). Eles são vencidos em seu próprio terreno: Galaaz é melhor cavaleiro que os dois e derruba um e outro do cavalo. Lançalot chega a ser insultado pelos criados, vencido nos torneios; olhemo-lo em sua humilhação: "É preciso que me ouçais, disse o criado, e não podeis esperar mais outro benefício. Fostes a flor da cavalaria terrena! Fraco! Estais bem desprezado por aquela que nem vos ama nem vos estima! (...) Lançalot não respondeu nada, tão aflito que desejaria morrer. O criado, entretanto, o injuriava e ofendia com todas as vilanias possíveis. Lançalot o ouvia numa tal confusão que não ousava levantar os olhos para ele". Lançalot, o invencível, não ousa levantar os olhos para aquele que o insulta; o amor que dedica à rainha Genievra, e que é o símbo-

187

lo do mundo cavaleiresco, é arrastado na lama. Não é só Lançalot que merece compaixão, mas também o romance de cavalaria. "Cavalgando, começou a pensar que jamais tinha sido posto em tão miserável estado e que nunca lhe acontecera antes de ir a um torneio sem sair vencedor. A esse pensamento ficou aborrecido e disse a si mesmo que tudo lhe mostrava que ele era o mais pecador dos homens, já que seus erros e sua desventura lhe haviam tirado a vista e a força."

A Demanda do Graal é uma narrativa que recusa precisamente o que constitui a matéria tradicional das narrativas: as aventuras amorosas ou guerreiras, as proezas terrenas. Precursor de *Don Quixote*, esse livro declara guerra aos romances de cavalaria e, através deles, ao romanesco. A narrativa não deixa de se vingar, aliás: as páginas mais apaixonantes são consagradas a Ivam, o pecador; quanto a Galaaz, não pode haver, propriamente, narrativa: a narrativa é a escolha de um caminho ao invés de outro; ora, com Galaaz a hesitação e a escolha não têm mais sentido: por mais que o caminho seguido se divida em dois, Galaaz seguirá sempre o "bom" caminho. O romance é feito para contar histórias terrestres; ora, o Graal é uma entidade celeste. Existe pois uma contradição no próprio título do livro: a palavra "demanda" remete aos processos mais primitivos de narrativa, e por aí ao terrestre; o Graal é uma superação do terrestre em direção ao celeste. Assim, quando Pauphilet diz que "o Graal é a manifestação romanesca de Deus", põe lado a lado dois termos aparentemente irreconciliáveis: Deus não se manifesta nos romances; os romances pertencem ao domínio do Inimigo, não ao de Deus.

Mas se a narrativa remete aos valores terrestres, e mesmo francamente ao pecado, e ao demônio (por essa razão *A Demanda do Graal* procura constantemente combatê-la), chegamos a um resultado surpreendente: a cadeia de equivalências semânticas que tinha partido de Deus, chegou, pelo torniquete da narrativa, a seu contrário, o Demônio. Não procuremos nisso, entretanto, qualquer perfídia da parte do narrador: não é Deus que é ambíguo e polivalente nesse mundo, é a narrativa. Quiseram servir-se da narrativa terrestre com fins celestes e a contradição permaneceu no interior do texto. Ela aí não estaria se se louvasse Deus por hinos ou sermões, nem se a narrativa tratasse das proezas cavaleirescas habituais.

A integração da narrativa nessas cadeias de equivalências e de oposições tem uma importância particular. O que aparecia como um significado irredutível e último – a oposição entre Deus e o demônio, ou a virtude e o pecado, ou mesmo, neste caso, a virgindade e a luxúria – não é tal coisa, e isto graças à narrativa. Parecia, à primeira vista, que a Escritura, que o Livro Santo constituía uma parada, na perpétua passagem de uma camada de significações a outra; na realidade, essa parada é ilusória, pois cada um dos dois termos que formam a oposição de base da última rede designa, por sua vez, a narrativa, o texto, isto é, a primeiríssima camada. Assim se fecha o círculo e o recuo do "último sentido" não se deterá nunca.

Por esse fato, a narrativa aparece como o tema fundamental da *Demanda do Graal* (como o é de toda narrativa, mas sempre de forma diferente). Em definitivo, a procura do Graal é não só a procura de um código e de um sentido, mas também a de uma narrativa. Significativamente, as últimas palavras do livro contam sua história: o último elo da intriga é a criação da própria narrativa que acabamos de ler. "E quando Boorz acabou de narrar suas aventuras do Santo Graal tal qual as havia visto, elas foram postas por escrito e conservadas na biblioteca de Salebières, de onde o Mestre Gautier Mas as retirou; fez com elas seu livro do Santo Graal, por amor ao rei Henrique, seu senhor, que fez translatar a história do latim para o francês..."

Poder-se-ia objetar que se o autor queria dizer tudo isso, tê-lo-ia feito de modo mais claro; por outro lado, não se atribui assim a um autor do século XIII ideias que pertencem ao XX? Uma resposta já se encontra na *Demanda do Graal*: o sujeito da enunciação desse livro não é uma pessoa qualquer, é a própria narrativa, é o conto. No começo e no fim de cada capítulo, vemos aparecer esse sujeito, tradicional para a Idade Média: "Mas aqui o conto cessa de falar de Galaaz e volta ao senhor Galvam. – O conto diz que, quando Galvam se separou de seus companheiros..." "Mas aqui o conto cessa de falar de Persival e volta a Lançalot, que ficara em casa do santo homem..." Por vezes, essas passagens se tornam demasiadamente longas: sua presença não é por certo uma convenção vazia de sentido: "Se se pergunta ao livro por que o homem não carregou o ramo do paraíso ao invés da mulher, o livro responde que compete a ela, não a ele, levar esse ramo..."

Ora, se o autor podia não compreender muito bem o que estava escrevendo, o conto, este, o sabia.

7. OS FANTASMAS DE HENRY JAMES

Histórias de fantasmas pontilham toda a longa carreira literária de Henry James (1843-1916). *De Grey: A Romance* foi escrito em 1868, quando seu autor tinha apenas vinte e cinco anos; *The Jolly Corner* (1908) é uma das últimas obras de James. Quarenta anos as separam, durante os quais vêm à luz uma vintena de romances, mais de cem novelas, peças de teatro, artigos... Acrescentemos desde já que essas histórias de fantasmas estão longe de formar uma imagem simples e fácil de captar.

Certo número dentre elas parecem conformar-se à fórmula geral da narrativa fantástica. Esta se caracteriza não pela simples presença de acontecimentos sobrenaturais, mas pela maneira como os percebem o leitor e as personagens. Um fenômeno inexplicável acontece; para obedecer a seu espírito determinista, o leitor se vê obrigado a escolher entre duas soluções: ou atribuir esse fenômeno a causas conhecidas, à ordem normal, qualificando de imaginários os fatos insólitos; ou então admitir a existência do sobrenatural, trazendo pois uma modificação ao conjunto de representações que formam sua imagem do mundo. O fantástico dura o tempo dessa incerteza; assim que o leitor opta por uma ou outra solução, desliza para o estranho ou para o maravilhoso. *De Grey*: *A Romance* corresponde já a essa descrição. A morte de Paul de Grey pode ser explicada de duas maneiras: segundo sua mãe, ele morreu por causa de uma queda de cavalo; segundo o Doutor Herbert, uma maldição pesa sobre a família de Grey: se o casamento coroa uma primeira paixão, aquele que a vive deve morrer. A moça que ama Paul de Grey, Margaret, está mergulhada na incerteza; terminará na loucura. Além disso, pequenos acontecimentos estranhos se produzem; podem ser coincidências, mas podem também testemunhar a existência de um mundo invisível. Assim, Margaret solta um grito, sentindo-se repentinamente mal; Paul o ouve, enquanto cavalgava tranquilamente a uns cinco quilômetros do local.

The Ghostly Rental (1876) parece ser primeiramente uma história de sobrenatural explicado. O Capitão Diamond deposita, de três em três meses, uma determinada soma numa casa abandonada, para acalmar o espírito de sua filha que ele amaldiçoou injustamente e expulsou de casa. Quando um dia o capitão cai gravemente enfermo, pede a um jovem amigo (o narrador) que leve a soma em seu lugar; este vai, com o coração na mão; descobre que o fantasma não é tal, mas a própria moça, ainda viva, que extorque assim dinheiro ao pai. Nesse momento, o fantástico retoma seus direitos: a moça deixa por um instante o cômodo, mas volta bruscamente, "os lábios entreabertos e os olhos dilatados" – acaba de ver o fantasma de seu pai! O narrador se informa mais tarde e fica sabendo que o velho capitão expirou exatamente na hora em que a filha viu o fantasma...

O mesmo fenômeno sobrenatural será evocado numa outra novela, escrita vinte anos mais tarde, *The Friends of the Friends* (1896). Duas personagens vivem aqui experiências simétricas: cada uma vê seu genitor do sexo oposto no momento em que esse morre, a centenas de quilômetros de distância. Entretanto, é difícil qualificar essa última novela de fantástica. Cada texto possui uma dominante, um elemento que submete os outros, que se torna o princípio gerador do conjunto. Ora, em *The Friends of the Friends*, a dominante é um elemento temático: a morte, a comunicação impossível. O fato sobrenatural tem um papel secundário: contribui para a atmosfera geral e permite que as dúvidas da narradora (quanto a um encontro *post mortem* dessas mesmas duas personagens) achem uma justificação. Assim, a hesitação está ausente do texto (ela não estava representada em *The Ghostly Rental*, mas era ali sensível), que escapa por isso mesmo à norma do fantástico.

Outros aspectos estruturais da novela podem também alterar seu caráter fantástico. Habitualmente, as histórias de fantasmas são contadas na primeira pessoa. Isto permite uma identificação fácil do leitor com a personagem (esta representa o papel daquele); ao mesmo tempo, a palavra do narrador-personagem possui características dúbias: ela está para além da prova da verdade, enquanto palavra do narrador, mas deve submeter-se a essa prova, enquanto palavra da personagem. Se o autor (isto é, um narrador não representado) nos diz que viu um fantasma, a hesitação não é mais permitida; se uma simples personagem o faz, pode-se atribuir suas palavras à loucura, a uma droga, à ilusão, e a incerteza perde novamente sua vez. Em posição privilegiada com relação aos dois, o narrador-personagem facilita a hesitação: queremos acreditar nele, mas não somos obrigados a fazê-lo.

Sir Edmund Orme (1891) ilustra bem esse último caso. O narrador-personagem vê ele mesmo um fantasma, várias vezes seguidas. Entretanto, nada mais contradiz as leis da natureza, tais quais as conhecemos comumente. O leitor se acha preso numa hesitação sem saída: vê a aparição com o narrador e, ao mesmo tempo, não pode permitir-se acreditar... Visões exatamente semelhantes produzirão um efeito diferente quando forem contadas por outras personagens que não o narrador. Assim, em *The Real Right Thing* (1890), duas personagens, um homem e uma mulher (assim como em *Sir Edmund Orme*), veem o marido defunto desta última, que não quer que o recém-vindo escreva sua biografia... Mas o leitor se sente muito menos incitado a acreditar, pois vê essas duas personagens de fora e pode facilmente explicar suas visões pelo estado hipernervoso da mulher e pela influência que ela exerce sobre o outro homem. O mesmo acontece em *The Third Person* (1900), uma história de fantasmas humorística, onde duas primas, solteironas sufocadas pela inação e pelo tédio, começam a ver um parente-contrabandista, falecido vários séculos antes. O leitor sente demasiadamente a distância entre o narrador e as personagens, para poder tomar a sério as visões dessas últimas. Afinal, numa novela como *Maud Evelyn* (1900) a hesitação está reduzida a zero: a narrativa é conduzida aqui na primeira pessoa, mas a narradora não dá o menor crédito às afirmações de outra personagem (que aliás ela só conhece indiretamente) que pretende estar vivendo com uma jovem morta há quinze anos. Aqui deixamos o sobrenatural para entrar na descrição de um caso patológico.

A interpretação alegórica do acontecimento sobrenatural representa outra ameaça para o gênero fantástico. Já em *Sir Edmund Orme* podíamos ler toda a história como a ilustração de certa lição moral; o narrador não se dispensa, aliás, de a formular: "Era um caso de justiça vingadora, os pecados das mães assombravam os filhos, sendo os pais inocentes. A infortunada mãe devia pagar com seus sofrimentos os sofrimentos que infligira, e como a tentação de zombar das justas aspirações de um homem honesto podia ressurgir na filha, em meu detrimento, era preciso que se estudasse e que se observasse essa última jovem, a fim de que ela sofresse no caso de provocar um mal semelhante". Evidentemente, se lemos a novela como uma fábula, como a encenação de uma moral, não podemos mais experimentar a hesitação "fantástica". Outro conto de James, *The Private Life* (1892), aproxima-se mais ainda da alegoria pura. O escritor Clare Wawdrey leva uma vida dupla: uma de suas encarnações tagarela sobre temas mundanos com os amigos, enquanto a outra escreve, no silêncio, páginas geniais. "O mundo era tolo e vulgar e o verdadeiro Wawdrey seria bem néscio se o frequentasse, quando podia, para bater papo e jantar fora, fazer-se substituir." A alegoria é tão evidente que a hesitação é novamente reduzida a zero.

Owen Wingrave (1892) seria um exemplo bastante puro do fantástico, se o acontecimento sobrenatural aí representasse um papel mais importante. Numa casa mal-assombrada, uma jovem põe à prova a coragem de seu pretendente: ela lhe pede que vá ao lugar reputado como perigoso, em plena noite. O resultado é trágico: "na soleira de uma porta escancarada, Owen Wingrave, vestido como ele [uma testemunha] o vira na véspera, jazia morto no mesmo lugar onde seu antepassado tinha sido descoberto..." Teria sido o fantasma ou o medo que matou Owen? Não o saberemos, mas essa questão não tem, a bem dizer, muita importância: o centro da novela é o drama que vive Owen Wingrave, que por um lado procura defender seus princípios, mas por outro quer conservar a confiança dos que o amam (e essas duas aspirações são contraditórias). De novo, o fantástico tem uma função subordinada, secundária. Além disso, o acontecimento sobrenatural não é explicitamente apresentado como tal – contrariamente ao que se passava numa novela de juventude de James, *The Romance of Certain Old Clothes* (1868) onde a mesma cena, exatamente, não permitia ao leitor qualquer hesitação. Eis a descrição do cadáver: "Seus lábios se abriam num movimento de súplica, de medo, de desespero, e sobre sua testa e suas faces pálidas brilhavam as marcas de dez feridas horrendas, feitas por duas mãos de espectro, duas mãos vingadoras". Nesse caso, deixamos o fantástico para entrar no maravilhoso.

Existe pelo menos um exemplo onde a ambiguidade é mantida ao longo de todo o texto e onde ela representa um papel dominante: é no famoso *The Turn of the Screw*[1] (1898). James realizou tão bem a proeza que os críticos formaram desde então duas correntes distintas: os que acreditam que a propriedade de Bly era *verdadeiramente* assombrada por maus espíritos e os que explicam tudo pela neurose da narradora... Não é evidentemente necessário escolher entre as duas soluções contrárias; a regra do gênero implica que a ambiguidade seja mantida. Entretanto, a hesitação não está

1. V. nota 3, p. 156.

representada no interior do livro: as personagens creem ou não creem, não hesitam entre as duas possibilidades.

...O leitor atento, aqui chegado, já deve experimentar uma certa irritação: porque tentam convencê-lo de que todas essas obras pertencem a um gênero, quando cada uma delas nos obriga a considerá-la, antes de tudo, como uma exceção? O centro em volta do qual tentamos dispor as novelas individuais (mas tão mal o conseguimos) talvez simplesmente não exista? Ou em todo caso, se encontra em outra parte: a prova é que, para fazer entrar essas histórias na forma do gênero, devemos mutilá-las, ajustá-las, fazê-las acompanhar de notas explicativas ...

Se esse leitor conhece bem a obra de James, pode ir mais longe e dizer: a prova de que, em James, o gênero fantástico não tem nenhuma homogeneidade e portanto nenhuma pertinência, é que os contos até aqui mencionados não constituem um grupo isolado, oposto a todos os outros textos. Ao contrário: existem múltiplos intermediários que tornam imperceptível a passagem das obras fantásticas às não fantásticas. Além das já citadas, que fazem o elogio da morte ou da vida com os mortos (*Maud Evelyn* mas também *The Altar of the Dead*), existem aquelas que evocam as superstições. Assim *The Last of the Valerii* (1874) é a história de um jovem conde italiano que acredita nos antigos deuses pagãos e que deixa sua vida organizar-se em função dessa crença. Será esse um fato sobrenatural? Ou *The Author of "Beltraffio"* (1885); a mulher de um célebre escritor acredita que a presença de seu marido é prejudicial à saúde de seu filho; querendo prová-lo, acaba por provocar a morte da criança. Simples fato estranho ou intervenção de forças ocultas?

Não são esses os únicos fenômenos insólitos com que nos entretém James. As intuições de Mrs. Ryves, em *Sir Dominick Ferrand* (1892), são outro exemplo: como é possível que essa jovem seja "prevenida" cada vez que uma ameaça pesa sobre seu vizinho, Peter Baron? Que dizer daqueles sonhos proféticos de Allan Wayworth, que vê a heroína de sua peça no exato momento em que o protótipo da heroína visita a atriz encarregada desse papel (*Nona Vincent*, 1892). Por outro lado, será este sonho tão diferente do de

George Dane, naquela utopia jamesiana que é *The Great Good Place* (1900), sonho que entretém com a vigília estranhas relações? E as perguntas podem ser multiplicadas, como testemunha aliás a escolha feita pelos editores, quando reúnem as *ghost stories* de Henry James: nunca chegam ao mesmo resultado.

A desordem cessa, entretanto, quando se renuncia a procurar o fantasma do gênero fantástico e se volta para o "desenho" que une a obra de James. Esse autor não dá importância ao acontecimento bruto, e concentra toda a sua atenção na relação entre a personagem e o acontecimento. Ainda mais: o núcleo de uma narrativa será frequentemente uma ausência (o escondido, os mortos, a obra de arte) e sua procura será a única presença possível. A ausência é um objetivo ideal e intangível; a prosaica presença é tudo de que podemos dispor. Os objetos, as "coisas" não existem (ou, se existem, não interessam a James); o que o intriga é a experiência que suas personagens podem ter dos objetos. Não há outra "realidade" além da psíquica; o fato material e físico está normalmente ausente e nunca saberemos mais do que a maneira como ele é vivido por diferentes pessoas. A narrativa fantástica é necessariamente centrada em volta de uma percepção e sempre teve para ele uma existência fantasmal. Mas o que interessa a James é a exploração de todos os recônditos dessa "realidade psíquica", de toda a variedade de relações possíveis entre o sujeito e o objeto. De onde sua atenção para os casos particulares que são as alucinações, a comunicação com os mortos, a telepatia. Por isso mesmo, James opera uma escolha temática fundamental: prefere a percepção à ação, a relação com o objeto ao próprio objeto, a temporalidade circular ao tempo linear, a repetição à diferença.

Poderíamos ir mais longe e dizer que o desenho de James é fundamentalmente incompatível com o do conto fantástico. Pela hesitação que este faz viver, ele põe em relevo a questão: será real ou imaginário? será um fato físico ou somente psíquico? Para James, ao contrário, não há real senão o imaginário, não há fatos senão os psíquicos. A verdade é sempre particular, é a verdade de alguém; por conseguinte, perguntar se "esse fantasma existe *verdadeiramente*?" não tem sentido, desde que ele exista para alguém. Nunca se atinge a verdade absoluta, o padrão de ouro se perdeu, estamos condenados a nos limitar a nossas percepções e a nossa imaginação – o que, de resto, não é tão diferente.

... É aqui que um leitor – ainda mais atento – pode deter-nos novamente. De fato, nos dirá ele, você não fez até aqui senão substituir o gênero formal (a narrativa fantástica) por um gênero de autor (a narrativa jamesiana) que tem aliás, ela também, uma realidade formal. Mas continua a nos escapar a especificidade de cada texto de James. Querer reduzir a obra a uma variante do gênero é uma ideia falsa desde o ponto da partida; ela repousa sobre uma analogia viciosa entre os fatos da natureza e as obras do espírito. Cada camundongo particular pode ser considerado como uma variante da espécie "camundongo"; o nascimento de um novo espécime não modifica em nada a espécie (ou, em todo caso, essa modificação é negligenciável). Uma obra de arte (ou de ciência), pelo contrário, não pode ser apresentada com o simples produto de uma combinatória preexistente; ela é isto também, mas ao mesmo tempo ela transforma essa combinatória, ela instaura um novo código do qual ela é a primeira (a única) mensagem. Uma obra que fosse o produto de uma combinatória *preexistente* não existe; ou mais exatamente: não existe para a história da literatura. A menos, está claro, que se reduza a literatura a um caso excepcional, que é a literatura de massa: o romance policial de mistério, a série negra, o romance de espionagem fazem parte da história literária, não tal ou qual livro particular, que não pode senão exemplificar, ilustrar um gênero preexistente. Significar, na história, é proceder da diferença, não só da repetição. Assim a obra de arte (ou de ciência) comporta sempre um elemento transformador, uma inovação do sistema. A ausência de diferença é igual à inexistência.

Tomemos, por exemplo, a última história de fantasmas escrita por James, e a mais densa: *The Jolly Corner* (1908). Todos os nossos conhecimentos sobre a narrativa fantástica e sobre a narrativa de James não bastam para que a compreendamos, para que a expliquemos de modo satisfatório.

Olhemos um pouco mais de perto esse texto, para observá-lo no que ele tem de *único* e de *específico*.

A volta de Spencer Brydon à América, depois de trinta e três anos de ausência, é acompanhada de uma singular descoberta: ele começa a duvidar de sua própria identidade. Sua existência, até então, aparecia-lhe como a projeção de sua própria essência; de volta à América, percebe que poderia ter sido outro. Ele tem talentos de arquiteto, de construtor, que nunca utilizou; ora, durante os anos de sua ausência, New York conheceu uma verdadeira revolução arquitetural. "Se ele tivesse ficado em sua terra, teria antecipado o inventor do arranha-céu. Se ele tivesse ficado em sua terra, teria descoberto seu gênio realmente a tempo de levantar alguma nova variedade de terrível lebre arquitetural e de levá-la a cavar uma mina de ouro." Se ele tivesse ficado em sua terra, teria podido ser milionário... Esse condicional passado começa a obcecar Brydon: não porque ele lamente não se ter tornado milionário, mas porque ele descobre que poderia ter tido outra existência; e então, seria ela a projeção da mesma essência, ou de outra? "Achou que todas as coisas revertiam para a questão do que ele pessoalmente poderia ter sido, de como ele poderia ter levado sua vida e terminado, se não tivesse, desde o início, desistido?" Qual é sua essência? Existe uma? Brydon acredita na existência da essência, pelo menos no que concerne aos outros, por exemplo, sua amiga Alice Staverton: "Oh, você é uma pessoa que nada pode alterar. Você nasceu para ser o que é, em qualquer lugar, de qualquer modo..."

Então Brydon decide encontrar-se, conhecer-se, atingir sua autêntica identidade; parte numa difícil procura. Consegue localizar seu *alter ego* graças à existência de duas casas, cada uma correspondente a uma versão diferente de Spencer Brydon. Volta, noite após noite, à casa de seus ancestrais, cercando *o outro* cada vez de mais perto. Até que uma noite... encontra a porta fechada onde a deixara aberta; compreende que a aparição está ali; quer fugir mas não pode mais; ela lhe barra o caminho; torna-se presente; descobre seu rosto... E uma imensa decepção se apodera de Brydon: o *outro* é um estranho. "O desperdício de suas noites fora apenas grotesco e o êxito de sua aventura uma ironia. Tal identidade não se lhe ajustava em *nenhum* ponto..." A procura era vã, o outro não é mais sua essência do que ele próprio. A sublime essência-ausência não existe, a vida que Brydon levou fez dele um homem que nada tem a ver com aquele que teria feito outra vida. O que não impede a aparição de avançar ameaçadora, e Brydon não tem outra solução senão desaparecer no nada da inconsciência.

Quando ele acorda, percebe que sua cabeça não repousa mais sobre as lajes frias de sua casa deserta, mas sobre os joelhos de Alice Staverton. Ela compreendera o que se passava, viera buscá-lo na casa, para ajudá-lo. Duas coisas se tornam então claras para Brydon. Primeiro, que sua busca era vã. Não porque o resultado fosse decepcionante, mas porque a busca mesma não tinha sentido: era a busca de uma ausência (sua essência, sua identidade autêntica). Tal busca é não somente sem resultado (isto não é grave) mas é também, de uma maneira profunda, um ato egoísta. Ele próprio o caracteriza como "mero vão egoísmo" e Alice Staverton o confirma: "você não liga para nada a não ser para si mesmo". Essa procura, postulando o ser, exclui o outro. Aqui vem a segunda descoberta de Brydon, a de uma presença: Alice Staverton. Abandonando a busca infrutífera de seu ser, descobre o outro. E não pede mais que uma coisa: "Oh, guarde-me consigo, guarde-me! ele suplicou, enquanto o rosto dela ainda pendia sobre ele: em resposta, o rosto desceu novamente e ficou perto, aconchegantemente perto". Tendo partido à procura de um *eu* profundo, Brydon acaba por descobrir o *tu*.

Esse texto significa, portanto, a mudança da figura que víamos voltar ao longo de toda a obra jamesiana. A ausência essencial e a presença insignificante não dominam mais seu universo: a relação com outrem, a presença, mesmo a mais insignificante, afirma-se em face da busca egoísta (solitária) da ausência. O *eu* não existe fora de sua relação com o outro; o ser é uma ilusão. Desse modo, James se inclina, no fim de sua obra, para o outro lado da grande dicotomia temática que evocávamos mais adiante: a problemática do homem só em face do mundo deixa lugar a uma outra, a da relação do ser humano com o ser humano. O *ser* é desalojado pelo *ter*, o *eu* pelo *tu*.

Essa transformação do projeto jamesiano tinha sido anunciada por várias obras precedentes. *The Altar of the Dead* (1895) é, à primeira vista, um verdadeiro elogio da morte. Stransom, a personagem principal, passa a vida numa igreja onde acendeu velas à glória de todos os mortos que conheceu. Prefere francamente a ausência à presença, os mortos aos vivos ("Bastava aquele indivíduo ter morrido para que tudo o que nele havia de feio fosse apagado") e terminou por desejar a morte de seus próximos: "Chegava quase a desejar que alguns de seus amigos morressem, para que ele pudesse restabelecer com eles, do mesmo modo, relações mais agradáveis do que as que podia gozar estando eles vivos". Mas pouco a pouco uma presença se introduz nessa vida: a de uma mulher que vem à mesma igreja. Essa presença se torna, imperceptivelmente, tão importante, que, quando um dia a mulher desaparece, Stransom descobre que seus mortos não existem mais para ele, morreram uma segunda vez. O homem conseguirá reconciliar-se com sua amiga, mas será tarde demais: chegou a hora em que ele próprio deve dar entrada no reino dos mortos. Tarde demais: essa mesma conclusão se lê em *The Beast of the Jungle* (1903), onde a narrativa apresenta uma personagem, Marcher, que passou sua vida a procurar a ausência, sem apreciar a presença de May Bartram a seu lado. Esta vive na presença: "Que se pode pedir de melhor, pergunta ela a Marcher, do que eu me interessar por você? " É somente depois da morte de sua amiga que Marcher compreende a amarga lição que lhe é dada; mas é tarde demais e ele deve aceitar seu malogro, o malogro que consiste em "não ser nada".

The Jolly Corner é pois a versão menos desesperada dessa nova figura jamesiana: graças ao fantasma, a lição é compreendida antes da morte. A grande, a difícil lição da vida, que consiste precisamente em recusar a morte, em aceitar viver (isto se aprende). A presença da morte nos faz compreender – tarde demais! – o que significava sua ausência; é preciso tentar viver a morte de antemão, compreender antes de ser apanhado pelo tempo.

... Decididamente, dirá aqui nosso leitor exigente, você só saiu do mau caminho para nele cair novamente. Você devia falar-nos de uma novela, do que ela tem de específico e de único, e ei-lo de novo em vias de constituir um gênero, mais próximo dessa novela do que os precedentes, talvez, mas ainda assim um gênero, do qual ela é apenas uma das ilustrações possíveis.

De quem a culpa? Não seria da própria linguagem, essencialista e genérica por natureza? Assim que falo, entro no universo da abstração, da generalidade, do conceito, e não mais das coisas. Como nomear o individual, quando até mesmo os nomes próprios, como se sabe, não pertencem propriamente ao indivíduo? Se a ausência de diferença é igual à inexistência, a diferença pura é inominável: ela é inexistente para a linguagem. O específico, o individual é apenas um fantasma, esse fantasma que produz a palavra, essa ausência que tentamos em vão apreender, que captamos tão pouco antes quanto depois do discurso, mas que produz, em seu côncavo, o próprio discurso.

Ou então, para fazer ouvir o individual, o crítico deve calar-se. Eis por que, ao apresentar *The Jolly Corner*, nada disse das páginas que formam seu centro e que constituem um dos pontos mais altos da arte de Henry James. Deixo que elas falem por si.

LITERATURA NA PERSPECTIVA

A Poética de Maiakóvski
Boris Schnaiderman (D039)

Etc... Etc... (Um Livro 100% Brasileiro)
Blaise Cendrars (D110)

A Poética do Silêncio
Modesto Carone (D151)

Uma Literatura nos Trópicos
Silviano Santiago (D155)

Poesia e Música
Antônio Manuel e outros (D195)

A Voragem do Olhar
Regina Lúcia Pontieri (D214)

Guimarães Rosa: As Paragens Mágicas
Irene Gilberto Simões (D216)

Borges & Guimarães
Vera Mascarenhas de Campos (D218)

A Linguagem Liberada
Kathrin H. Rosenfield (D221)

Tutameia: Engenho e Arte
Vera Novis (D223)

O Poético: Magia e Iluminação
Álvaro Cardoso Gomes (D228)

História da Literatura e do Teatro Alemães
Anatol Rosenfeld (D255)

Letras Germânicas
Anatol Rosenfeld (D257)

Letras e Leituras
Anatol Rosenfeld (D260)

O Grau Zero do Escreviver
José Lino Grünewald (D285)

Literatura e Música
Solange Ribeiro de Oliveira (D286)

Maneirismo na Literatura
Gustav R. Hocke (D315)

Tradução, Ato Desmedido
Boris Schnaiderman (D321)

América Latina em sua Literatura
Unesco (E052)

Vanguarda e Cosmopolitismo
  Jorge Schwartz (E082)

Poética em Ação
  Roman Jakobson (E092)

Que é Literatura Comparada
  Brunel, Pichois, Rousseau (E115)

Imigrantes Judeus / Escritores Brasileiros
  Regina Igel (E156)

Barroco e Modernidade
  Irlemar Chiampi (E158)

Escritos Psicanalíticos sobre Literatura e Arte
  George Groddeck (E166)

Entre Passos e Rastros
  BertaWaldman (E191)

Franz Kafka: Um Judaísmo na Ponte do Impossível
  Enrique Mandelbaum (E193)

A Sombra de Ulisses
  Piero Boitani (E203)

Samuel Beckett: Escritor Plural
  Célia Berrettini (E204)

A Literatura da República Democrática Alemã
  Ruth Röhl e Bernhard J. Scharwz (E236)

Dialéticas da Transgressão
  Wladimir Krysinski (E242)

Proust: A Violência Sutil do Riso
  Leda Tenório da Motta (E245)

Poder, Sexo e Letras na República Velha
  Sérgio Miceli (EL04)

Relações Literárias e Culturais entre Rússia e Brasil
  Leonid Shur (EL32)

O Romance Experimental e o Naturalismo no Teatro
  Émile Zola (EL35)

Leão Tolstói
  Máximo Górki (EL39)

Panaroma do Finnegans Wake
  Augusto e Haroldo de Campos (S01)

Ka
  Velimir Khlébnikov (S05)

Dostoiévski: Prosa Poesia
  Boris Schnaiderman (S08)

Deus e o Diabo no Fausto de Goethe
  Haroldo de Campos (S09)

Olho-de-Corvo
  Yi Sáng (Yun Jung Im – Org.) (S26)

Re Visão de Sousandrade
  Augusto e Haroldo de Campos (S34)

Textos Críticos
  Augusto Meyer e João Alexandre Barbosa (org.) (T004)

Ensaios
  Thomas Mann (T007)

Caminhos do Decadentismo Francês
  Fulvia M. L. Morett (org.) (T009)

Büchner: Na Pena e na Cena
  J. Guinsburg e Ingrid Dormien Koudela (orgs.) (T017)

Aventuras de uma Língua Errante
  J. Guinsburg (PERS)

O Redemunho do Horror
  Luiz Costa Lima (PERS)

Termos de Comparação
  Zulmira Ribeiro Tavares (LSC)

CRÍTICA NA PERSPECTIVA

Texto/Contexto I
  Anatol Rosenfeld (D007)

Kafka: Pró e Contra
  Günter Anders (D012)

A Arte no Horizonte do Provável
  Haroldo de Campos (D016)

O Dorso do Tigre
  Benedito Nunes (D017)

Crítica e Verdade
  Roland Barthes (D024)

Signos em Rotação
  Octavio Paz (D048)

As Formas do Falso
  Walnice N. Galvão (D051)

Figuras
  Gérard Genette (D057)

Formalismo e Futurismo
  Krystyna Pomorska (D060)

O Caminho Crítico
  Nothrop Frye (D079)

Falência da Crítica
  Leyla Perrone Moisés (D081)

Os Signos e a Crítica
  Cesare Segre (D083)

Fórmula e Fábula
  Willi Bolle (D086)

As Palavras sob as Palavras
  J. Starobinski (D097)

Metáfora e Montagem
  Modesto Carone Netto (D102)

Repertório
  Michel Butor (D103)

Valise de Cronópio
  Julio Cortázar (D104)

A Metáfora Crítica
  João Alexandre Barbosa (D105)

Ensaios Críticos e Filosóficos
  Ramón Xirau (D107)

Escrito sobre um Corpo
  Severo Sarduy (D122)

O Discurso Engenhoso
  Antonio José Saraiva (D124)

Conjunções e Disjunções
  Octavio Paz (D130)

A Operação do Texto
  Haroldo de Campos (D134)

Poesia-Experiência
  Mario Faustino (D136)

Borges: Uma Poética da Leitura
  Emir Rodriguez Monegal (D140)

As Estruturas e o Tempo
  Cesare Segre (D150)

Cobra de Vidro
  Sergio Buarque de Holanda (D156)

O Realismo Maravilhoso
  Irlemar Chiampi (D160)

Tentativas de Mitologia
  Sergio Buarque de Holanda (D161)

Dos Murais de Portinari aos Espaços de Brasília
  Mário Pedrosa (D170)

O Lírico e o Trágico em Leopardi
  Helena Parente Cunha (D171)

Arte como Medida
  Sheila Leirner (D177)

Poesia com Coisas
  Marta Peixoto (D181)

A Narrativa de Hugo de Carvalho Ramos
  Albertina Vicentini (D196)

As Ilusões da Modernidade
  João Alexandre Barbosa (D198)

Uma Consciência Feminista: Rosário Castellanos
  Beth Miller (D201)

O Heterotexto Pessoano
  José Augusto Seabra (D204)

O Menino na Literatura Brasileira
  Vânia Maria Resende (D207)

Analogia do Dissimilar
  Irene A. Machado (D226)

O Bom Fim do Shtetl: Moacyr Scliar
  Gilda Salem Szklo (D231)

O Bildungsroman Feminino: Quatro Exemplos Brasileiros
  Cristina Ferreira Pinto (D233)

Arte e seu Tempo
  Sheila Leirner (D237)

O Super-Homem de Massa
  Umberto Eco (D238)

Borges e a Cabala
  Saúl Sosnowski (D240)

Metalinguagem & Outras Metas
  Haroldo de Campos (D247)

Ironia e o Irônico
  D. C. Muecke (D250)

Texto/Contexto II
  Anatol Rosenfeld (D254)

Thomas Mann
  Anatol Rosenfeld (D259)

O Golem, Benjamin, Buber e Outro Justos: Judaica I
  Gershom Scholem (D265)

O Nome de Deus, a Teoria da Linguagem e Outros Estudos de Cabala e Mística: Judaica II
  Gershom Scholem (D266)

O Guardador de Signos
  Rinaldo Gama (D269)

O Mito
  K. K. Rutheven (D270)

O Grau Zero do Escreviver
  José Lino Grünewald (D285)

Literatura e Música
  Solange Ribeiro de Oliveira (D286)

Marcel Proust: Realidade e Criação
  Vera de Azambuja Harvey (D310)

O Poeta e a Consciência Crítica
  Affonso Ávila (D313)

Judaísmo, Reflexões e Vivências
  Anatol Rosenfeld (D324)

Mimesis
  Erich Auerbach (E002)

Morfologia do Macunaíma
  Haroldo de Campos (E019)

Fernando Pessoa ou o Poetodrama
  José Augusto Seabra (E024)

Uma Poética para Antonio Machado
  Ricardo Gullón (E049)

Poética em Ação
  Roman Jakobson (E092)

Acoplagem no Espaço
  Oswaldino Marques (E110)

Sérgio Milliet, Crítico de Arte
  Lisbeth Rebollo Gonçalves (E132)

Em Espelho Crítico
  Robert Alter (E139)

A Política e o Romance
  Irving Howe (E143)

Crítica Genética e Psicanálise
  Philippe Willemart (E214)

A Morte da Tragédia
  George Steiner (E228)

Ibsen e o Novo Sujeito da Modernidade
  Tereza Menezes (E229)

Tolstói ou Dostoiévski
  George Steiner (E238)

Os Processos de Criação na Escritura, na Arte e na Psicanálise
  Philippe Willemart (E264)

O Idioma Pedra de João Cabral
  Solange Rebuzzi (E280)

Gilberto Gil: A Poética e a Política do Corpo
  Cássia Lopes (E286)

O Prazer do Texto
  Roland Barthes (EL02)

Ruptura dos Gêneros na Literatura Latino-americana
  Haroldo de Campos (EL06)

Projeções: Rússia/Brasil/Itália
  Boris Schnaiderman (EL12)

O Texto Estranho
  Lucrécia D'Aléssio Ferrara (EL18)

Duas Leituras Semióticas
  Eduardo Peñuela Cañizal (EL21)

Oswald Canibal
  Benedito Nunes (EL26)

Mário de Andrade/Borges
  Emir R. Monegal (EL27)

A Prosa Vanguardista na Literatura Brasileira: Oswald de Andrade
  Kenneth D. Jackson (EL29)

Estruturalismo: Russos x Franceses
  N. I. Balachov (EL30)

Céu Acima – Para um Tombeau de Haroldo de Campos
  Leda Tenório da Motta (org.) (S45)

Sábato Magaldi e as Heresias do Teatro
  Maria de Fátima Assunção (PERS)

Sombras de Identidade
  Gershon Shaked (LSC)

Tempo de Clima
  Ruy Coelho (LSC)

Este livro foi impresso em Cotia,
nas oficinas da Meta Brasil,
para a Editora Perspectiva.